Christophe Le Cheviller

CANINES

Carnets d'une
improvisation indocile

© 2025 Christophe Le Cheviller
Édition : BoD - Books on Demand,
31 avenue Saint-Rémy, 57600 Forbach,
bod@bod.fr
Impression : Libri Plureos GmbH,
Friedensallee 273, 22763 Hamburg
(Allemagne)
ISBN : 978-2-8106-2463-8
Dépôt légal : Mai 2025

« *Canines : dents situées sur chaque demi-mâchoire des mammifères, entre les incisives et les prémolaires.*
Qui relève du chien : race canine. »
Dictionnaire Larousse

Ceci n'est pas une préface

~~Une préface (du latin præ : avant et fari : parler) est, en littérature, un texte d'introduction et de présentation. Placée en tête d'un livre, elle en fait connaître les vues, le plan, prévient des objections, répond à des critiques ou encore donne une idée sur le message que veut transmettre l'auteur à travers ce livre (ex. : la pauvreté de la société, l'inégalité, l'amour… Et pourquoi il a écrit ce livre, etc.). Lorsque la préface est courte, on parle plutôt d'un avertissement ; lorsqu'elle est longue, on parle de prolégomènes.~~

~~Ce texte ne saurait pourtant en constituer une PRÉFACE. Je l'écris en toute honnêteté.~~

~~Bien qu'il se situe en tête de l'ouvrage, je suis dans l'incapacité d'en connaître les vues, ni le plan d'ailleurs, encore moins les idées… Puisque force est de l'avouer ici,~~

~~je n'ai pas lu ce livre.~~

~~Pas une ligne, un paragraphe, un chapitre. RIEN.~~

~~Je crois pourtant pouvoir écrire ici, qu'étant la personne la plus proche de Christophe Le Cheviller, à l'endroit artistique tout du moins, et puisqu'en grande partie CANINES porte sur la Morsure, j'aurais été aussi la plus légitime à devenir sa première lectrice, voire son unique interlocutrice pour lui en faire retours.~~

~~C'est donc pour cette raison que nous avons décidé qu'il n'en serait pas ainsi.~~

~~Nous avons, bien entendu, pris le temps d'y réfléchir. Quelques mois nous séparent de cette première conversation et tout en jouant à la souris et/ou au chat, nous ne nous sommes pas non plus épargné quelques échanges musclés.~~

~~Au-delà du geste 'artistique' forcément amusant qui, comme nous aimons à le faire dans notre recherche, met en abyme le processus créatif, se joue des paradoxes, et nous fait nous méfier de l'évidence, il y a d'autres arguments justifiant cette NON-PRÉFACE.~~

~~Ils sont d'ordre féministes et rationnels, affectifs, moraux et... névrotiques.~~

~~Ne comptez pas sur moi pour vous les détailler, car le nécessaire voile de pudeur dont j'imagine, vous entendrez parler plus tard dans l'opus, me défend de le faire.~~

~~Et puis... nous en faisons largement mention dans nos rencontres MÉTAS.~~

~~Au risque de me contredire, la raison principale que je pourrais invoquer, n'en déplaise à certain.es, serait l'indispensable indépendance, que nous nous efforçons de garder, dans notre si précieuse collaboration.~~

~~En somme, toutes ces considérations nous ont alors obligés à nous rendre à l'évidence : Je ne lirai pas ce livre avant qu'il soit publié, pas plus que je ne le préfacerai.~~

~~Que faire alors pour se tirer safe and sound de cette inextricable situation, pouvant entraîner au mieux l'implosion de la compagnie la Morsure au pire la création de la fameuse Griffure ?~~

~~Ou encore devais-je...~~

~~Refuser une place dans l'ouvrage au risque de m'invisibiliser ?~~

~~Me précipiter dans l'écriture de mon propre livre pour le sortir avant ?~~

~~Lui intenter un procès pour plagiat par anticipation ?~~

~~FINALEMENT,~~

~~NON-PRÉFACER CANINES~~

~~m'est apparue comme LA solution.~~

~~Et puisque je ne puis rien en dire, laissez-moi supposer en guise de conclusion, forte de l'estime et de l' affection portée à Christophe Le Cheviller, que cet essai a d'impressionnantes chances d'être captivant, mordant, clivant, instructif, déroutant, signifiant, singulier, drôle, grave, émouvant.~~

~~Pour l'heure,~~

~~et alors que je ne sais pas encore si je donnerai l'autorisation à Christophe, de prendre connaissance de cette NON-PREFACE en amont,~~

~~je me réjouis déjà de plonger et en même temps que vous, dans la lecture de CANINES.~~

~~Marie Parent aka Marnie Chaissac~~

AVANT-PROPOS

Mordre ou être mordu

Canines, parce que j'ai longtemps cru être un chien, d'ailleurs, je continue de rêver que j'en suis un. Ainsi, mon parcours s'est caractérisé par un mélange de soumission et de révolte. L'art a joué chez moi, un rôle de réconciliateur, de médiateur social, un moyen d'émancipation. Un levier pour me découvrir et devenir une version de moi-même se tenant sur deux pattes. Dans ces pages, je tente d'exposer et questionner mon processus créatif, mon parcours et créer un objet singulier me ressemblant. Ceci, afin d'un peu mieux cerner ce qui constitue l'essence de mon travail d'artiste : la relation étroite entre ma personne, mon acteur et mon pédagogue.

Dans ma prime jeunesse, ne pouvant me révolter dans mon milieu familial, je me suis d'abord débattu dans ma scolarité : « *Élève insolent, bavarde, aucun travail malgré un potentiel certain, n'a développé aucun intérêt pour la matière, trop d'absences pour pouvoir évaluer l'élève...* ».

Jusqu'à rencontrer le théâtre en seconde, grâce à une jeune prof de français qui a vu en moi autre chose qu'un garçon turbulent. Je ne sais pas si c'était pour me punir ou me canaliser, mais elle m'a imposé de participer à la mise en scène de « l'Illusion comique » de Corneille. Puis, un des comédiens a quitté le projet, j'ai repris le rôle de *Matamore*[1], ironie du sort, alors que je n'avais pas envie de jouer. La scène est trop dangereuse pour les pitres. Un hasard qui m'a permis, à moi, promis à la violence, de trouver un sens à mon existence, de devenir un animal doté de la parole. Je me suis mis à briller différemment. Cette prof savait peut-être que le théâtre serait mon salut. Moi qui étais un animal perdu, j'avais été trouvé. Avocate des causes perdues d'avance, elle a essayé un temps de se battre pour moi afin que j'intègre la classe avec option théâtre, mais je m'étais déjà bien trop compromis. Bon pour la fourrière.

J'ai redoublé ma seconde. J'ai changé de lycée, toujours accompagné de ma colère, mais avec désormais cette envie nouvelle de faire du théâtre. J'ai alors connu un élan positif, une direction. J'ai cherché à retrouver cet endroit valorisant et épanouissant. J'ai même créé une troupe de théâtre pour laquelle j'ai recruté des profs pour nous faire travailler (déjà un travail de compagnie). Le lycée est alors devenu un endroit, où, pendant trois ans, j'étais content de me rendre. Je restais un élève turbulent, révolté, adepte des excès en tous genres, mais j'avais trouvé un refuge. En parallèle, je dessinais beaucoup et je faisais de

---

[1] **Matamore** : figure de la commedia dell'arte, vantard, belliqueux, aime à déclamer ses hauts faits imaginaires, mais prompt à fuir lorsque survient le péril.

la musique. C'était une époque où l'art était la seule chose qui m'intéressait. Mais issu d'un milieu populaire, je n'avais pas de modèle à suivre. J'étais le seul de mon espèce.

J'ai eu mon bac avec mention : *Tu l'as eu maintenant dégage*. Je me suis alors dit que je pourrais faire ce que je voulais. J'ai essayé d'entrer dans une école d'Arts appliqués à Paris. Évidemment, je n'ai pas été pris. Je suis allé me faire voir ailleurs si j'y étais, en Fac d'Arts plastiques, pour y perdre du temps ou peut-être en gagner. La Sorbonne m'a donné le temps d'explorer mes passions, de me cultiver, de rencontrer des gens intéressants, de tomber amoureux… Je me rendais bien compte que ça ne m'amenait nulle part, mais je restais accroché à ce rocher, attendant qu'un bateau passe et me récupère.

Et puis l'improvisation est venue à moi, un atelier à Bures-Sur-Yvette, animé par Philippe Pastot… Bien que Philippe ne soit pas improvisateur, il m'a apporté, pendant cinq ans, une formation exigeante, en particulier sur le jeu masqué (encore un hasard), qui m'est encore utile aujourd'hui. Je crois que j'ai eu de la chance de tomber sur ce groupe. Nous avions une salle de spectacle, et je jouais énormément. Parallèlement, je commençais à participer à des matchs d'impro dans les Yvelines et à m'y faire remarquer. C'est là que j'ai rencontré Papy, à Trappes, « le coach le plus célèbre de France ». Celui qui a « découvert » Jamel Debbouze. Papy sait qu'on ne découvre pas les gens. On leur donne un espace favorable pour s'y épanouir. Papy m'a sélectionné pour représenter la France (plus exactement les Yvelines) dans le mondial d'impro que la Ligue d'improvisation organisait. Reconnaissance maximum. Expérience mitigée. Vice-champion du monde en carton. Mais je crois que j'ai quand même aimé ça.

J'avais 25 ans, je ne me disais pas encore, que je deviendrais comédien. Je voulais être dessinateur de comics. Mais, on a commencé à me payer pour jouer et pour animer des ateliers, alors je suis devenu professionnel. Toujours ces hasards étranges, c'est peut-être ce qui me donne ce goût pour l'ésotérisme… J'aimais jouer, j'étais doué, on m'a proposé du travail, j'ai accepté. Pendant cette période de championnats d'improvisation, je rencontre Samuel Doux. À ce moment-là, nous avons un parcours assez similaire. Nous sommes au bout d'un cycle dans notre vie d'amateurs. Nous nous plaisons, nous adorons jouer ensemble. Nous devenons inséparables et, en 1998, nous montons notre compagnie professionnelle à Paris, avec Romain Bessoud et Fred Joiselle : « L'œil écoute ». Nous y développons plusieurs spectacles de théâtre jeunes et tous publics, assez punk, tout en continuant de proposer des spectacles improvisés. Nous rencontrons un certain succès. Passion, amitié, amour, implosion : La compagnie dure cinq ans et s'arrête. J'ai trente ans. Je pars m'installer à Rennes. J'intègre une des rares compagnies professionnelles d'improvisation en Bretagne à cette époque : La Puzzle Compagnie. Je traverse ces 10 années telle une ombre.

Canines parce que la Morsure

J'ai rencontré Marie en 2013, à une étape charnière de ma vie. Un moment où j'étais insatisfait sans le savoir. Tout semblait aller… Mais rien n'allait. J'étais un ersatz de moi-même. Un fragment fonctionnel, un être fictionnel qui se racontait des histoires, acteur en entreprise, se rassurant dans des spectacles médiocres. J'avais beaucoup d'expérience, mais j'en faisais peu de choses. Je reproduisais sans broncher ce que l'on m'avait enseigné. Je préférais m'effacer, disparaître. Ma nature docile et obéissante reprenait le dessus. La révolte était loin derrière moi. Quand parfois j'aboyais, je n'étais pas entendu et renvoyé à la niche. Pour me calmer, on me donnait un os à ronger, alors j'étais content.

À cette époque, j'animais un atelier d'improvisation auprès d'amateurs à Melesse, près de Rennes. Cet atelier me réjouissait. Il était un espace de repos, sain et accueillant dans lequel j'étais valorisé et créatif. Marie, qui était elle aussi à une nouvelle étape de sa vie, est arrivée dans mon groupe. Elle posait toujours beaucoup de questions, essayant de comprendre le pourquoi du comment des exercices que je proposais. Alors, je me suis mis à travailler davantage, à préparer différemment mes ateliers, à inventer des exercices et j'ai développé de nouveaux points de vue sur l'improvisation. C'est à cette période que j'ai commencé à *sortir de la boîte*. C'est elle, qui a attendu de moi que je sois à ma propre (H) *auteur* : devenir auteur et être à la hauteur. Alors, je me suis mis debout et j'ai pu voir les choses différemment. Pendant cette période, Marie et moi, nous sommes beaucoup soutenus dans nos combats respectifs. Elle, cherchant le courage de devenir comédienne et moi, essayant de retrouver celui que je fus, tendu vers celui que je voulais être. Nous sommes alors devenus un binôme artistique complémentaire, fusionnel et dialectique.

Ce double regard apporte une grande complexité à notre travail. Ainsi, nous avons conjointement créé la quasi-totalité des spectacles de *La Morsure* et continuons d'enrichir notre *méta-improvisation*. C'est de cette matière complexe que je vais tenter de détacher ma propre essence, mes propres réflexions, un exercice difficile tant notre travail est imbriqué. C'est avec une certaine peur de trahir, un grand respect pour ce *nous*, qu'est La Morsure que je vais avancer dans ce sentier étroit, qu'est peut-être ma pensée propre.

On m'a demandé à qui s'adressait ce livre et pourquoi je l'écrivais. Dans mon parcours personnel, je me suis mis à remplir des carnets sur mon parcours psychanalytique afin de consigner ma mémoire : des faits, des souvenirs, des pensées afin d'avoir des preuves de mon existence. J'écris donc je suis... Récemment, je me suis rendu compte que tout ce que j'avais écrit sur mon travail, en dehors de ce que j'avais consigné sur le site *Impro-Bretagne*, restait sagement dans mes carnets. Ces carnets représentent une vision empirique de notre travail avec Marie, de nos spectacles, de nos ateliers, de nos laboratoires de recherche. Je passerai souvent du *Je* au *Nous*, essayant de rendre à Marie ce qui revient à Marie, tout en sachant que c'est impossible.

Je cherche, dans ces textes, une intimité pudique, un moyen de déposer et partager un espace introspectif et d'aller un peu plus loin dans mes recherches. Depuis dix ans, la Morsure a proposé énormément de pistes de réflexion, d'outils, de spectacles aux improvisateurs et au public. Notre pensée se diffuse et je trouve intéressant, dans un monde de transmission orale, de repréciser ce qu'est le point de vue de la compagnie ainsi que mon discours propre sur l'art et l'improvisation théâtrale.

Il m'a fallu longtemps, je pense, pour comprendre ce que j'aimais dans l'improvisation théâtrale. Peut-être a-t-il été nécessaire, un temps, que je perde mon désir de jouer pour comprendre ce qui était réellement en jeu chez moi lorsque j'étais sur scène. Il était certainement essentiel que je retrouve un sens, une nécessité, une distance, à m'extraire pour regarder. Devenir un spectateur actif.

Cet ouvrage est un témoignage de 30 ans de pratique de l'improvisation. C'est un mélange de sensibilité, d'intuition et de réflexion. Une expérience que je partage, non pas comme un dogme, mais comme un état des lieux de mon parcours dans lequel, je l'espère, d'autres se reconnaîtront et que cela inspirera. Alors à qui s'adresse ce livre ? Aux comédiens et comédiennes, aux improvisateurs et improvisatrices, à celles et ceux qui s'intéressent au processus créatif… et aux autres aussi : à celles et ceux qui croient en la résilience, à celles et ceux qui veulent sortir de la boîte, les perdus, les invisibles, les fantômes, les insatisfaits, les entre-deux-rives, les *mal-heureux* et les chiens.

Sortir de la boîte

Depuis la création de la Morsure avec Marie Parent en 2015, le sous-titre est : « Car, pour mordre, on ne demande pas la permission ». Celui-ci s'est imposé à nous afin d'affirmer un besoin d'indépendance et de singularité : indépendance, par rapport aux canons de l'improvisation théâtrale. Comment développer une pensée radicale et originale dans un milieu conformiste ? Alors, tout comme les chiens, il a fallu grogner, aboyer, montrer les crocs parfois. À cette époque, l'improvisation imposait plusieurs paradigmes dont il a fallu s'extraire, telle que le devoir de prouver que le spectacle est bien improvisé. Il fallait que le public soit témoin, par sa participation, de l'aspect spontané de la création. Pour exister dans ce monde de l'impro, avec Marie, nous nous sommes approprié deux doctrines.

La première : **le public n'existe pas**. Pourtant, les improvisateurs aiment à dire :

- Le public aime bien qu'on tire des thèmes.
- Le public aime participer.
- Le public aime bien qu'on le fasse rire.
- Le public vient pour se détendre.
- Le public a besoin d'être certain que c'est improvisé, alors comment peut-il s'en rendre compte si on ne lui demande pas de suggestions ?

Laissons le public tranquille, car il n'existe pas. C'est un ensemble varié de personnalités, qui, comme on le dit souvent, hélas, avant les spectacles d'impro : ne sait pas ce qu'il vient voir. Il vient voir de *l'Impro*… avec un grand I. Ce public prend donc ce qu'on lui donne. Si on décide de lui donner toujours la même chose, les personnes qui aiment, reviendront, les autres non. Donc on se retrouve toujours avec ce même public, qui, finalement, n'attend rien d'autre que ce que l'on peut lui donner. Si on lui donne autre chose, alors, de la même façon, ceux qui ont aimé reviendront et les autres non. Il n'y a donc pas UN public de l'impro, il y a DES publics. Cela peut sembler évident, mais cette pensée est très ancrée dans le milieu. Alors, si l'on ne joue pas pour le satisfaire ou le convaincre que ce qu'on fait est improvisé, que reste-t-il aux improvisateurs comme excuse pour ne pas explorer ou travailler de manière plus approfondie ?

Ce qui nous amène au deuxième précepte : **l'Impro n'existe pas**. Tout comme il n'y a pas qu'un restaurant, il n'y a pas qu'une impro. Encore une fois, cela peut sembler évident, mais ce n'est pas toujours ce que reflètent les spectacles proposés. Pour prouver à quel point l'improvisation est conformiste, il suffit de se demander s'il existe d'autres formes artistiques que l'on va voir uniquement pour elles-mêmes... en MAJUSCULE. Est-ce qu'on va voir un FILM sans le choisir ? Ou une PIÈCE DE THÉÂTRE au hasard ? De la PEINTURE ? *Tiens, on va aller voir un* CONCERT... *Je crois que c'est de la* MUSIQUE, *ça devrait être bien !*

Que ce soit un match, un catch, un cabaret, une forme longue... on vient voir de l'Impro. Plus précisément, on vient voir des improvisateurs jouer. Alors qu'est-ce qui différencie un spectacle d'un autre ? Le format ? La structure ? Ce qui va vraiment fidéliser le public, c'est *la qualité des improvisateurs ou du décorum*[2]. On viendra profiter de l'ambiance festive d'un match, d'un catch ou admirer la virtuosité d'un acteur.

Ces deux préceptes nous ont permis, en tant que Compagnie, de trouver notre propre chemin et de dépasser la vision parfois négative que pouvaient avoir les improvisateurs de notre travail. Nous avons souhaité utiliser l'improvisation, non pas comme une fin, mais plutôt comme un moyen. Révéler la puissance du processus créatif mis à nu, au service d'un propos et d'une esthétique.

Il y a une dizaine d'années, je me suis un temps fourvoyé avec une certaine prétention, à vouloir essayer de changer cette impro avec un grand I. En 2010, cela faisait déjà vingt ans que j'improvisais. J'avais l'impression que rien n'avait changé. La pratique était de plus en plus

---

[2]En improvisation, le décorum désigne l'ensemble des règles et éléments scéniques qui définissent le cadre du spectacle : ambiance, contraintes de jeu, rapport au public.

répandue, mais je trouvais la qualité de ce qui était proposé, assez faible en général. Je pense que mon analyse était plutôt juste, mais je me trompais d'objectif. Comme l'impro n'existe pas… On ne peut pas la changer. D'ailleurs, personne ne m'avait rien demandé.

Alors, pendant 10 ans, j'ai cherché un moyen de faire autrement. J'ai négocié avec moi-même en allant improviser en entreprise, jouer des impros pendant des séminaires. Je me disais que c'était le mieux pour moi. Je gagnais bien ma vie. Je faisais mon métier. Mais jouer en entreprise a fait de moi un spécialiste et a tué mon désir d'être un artiste. C'était un jour sans fin. Je croisais des inconnus avec qui je devais être sympa et essayer de vendre une autre prestation. Je jouais les mêmes impros. Je me racontais que c'était honorable d'amener le théâtre dans les entreprises. Mais tout cela m'a vidé et éloigné de moi-même. Je me suis retrouvé, à 40 ans, à ne plus aimer ce qui m'avait construit depuis mon adolescence. Crise existentielle. J'ai tout arrêté. Je n'aimais pas celui que j'étais et que j'allais devenir. Mais je devais continuer de gagner ma vie. Il fallait jouer. Je détestais tout ce que je faisais. Je me sentais vide, transparent.

La création artistique est mon espace d'absolue intimité. Lorsque cet endroit de moi-même est menacé, je suis acculé et je mords. Ainsi, c'est dans ces moments que j'ai certainement le plus bougé artistiquement et personnellement. Je l'écris dans cet ordre, car c'est toujours la création artistique qui annonce mes changements intérieurs avant que j'en aie conscience. Avec le temps et l'expérience, j'ai appris à être de plus en plus à l'écoute de mon processus créatif pour l'accompagner et être en phase avec lui.

On devait être en 2014, quand je me suis mis à déconstruire mon jeu. Je ne supportais plus les impros dans lesquelles je jouais, alors j'ai commencé à le dire pendant qu'elles se déroulaient. Je refusais volontairement des propositions. J'imposais des principes de mise en scène et je critiquais les impros de manière très claire. Ça a donné les bases de la Méta. J'ai techniquement modifié ma manière de jouer. Je trouvais le mime ringard, alors que je suis un acteur très physique. Je me suis uniquement intéressé au texte et à la mise en scène. J'ai tout repris de zéro. J'ai commencé par dire *non* au lieu de *oui* pendant les impros. Ce OUI tyran que l'on enseigne comme unique moyen d'improviser, qui, comme toutes règles, se doit d'être transgressée. Je me suis forcé à ne plus faire ce que j'avais appris. J'ai en quelque sorte réinstallé le système : une *clean install* comme on dit en informatique. Il me fallait un regard neuf, une nouvelle approche.

Je travaille de manière empirique. Je pars de moi, de mon expérience. J'analyse ma propre façon de jouer, de construire, d'imaginer. Je théorise puis j'expérimente pour transmettre. En transmettant, j'adapte à nouveau mon propre jeu, et ainsi de suite. Je me rends compte aujourd'hui que ce principe a des limites, car ce que je pensais parfois universel dans ma façon de penser est souvent très singulier et difficilement transposable. Ainsi, il m'est nécessaire d'adapter mes attentes et de créer de nouveaux outils plus accessibles.

Finalement, c'est cette singularité chez les autres que je cherche à développer. Comment la repérer, l'isoler, la mettre en avant pour permettre à l'interprète de briller et trouver son propre artiste sur scène ? C'est un de nos points communs avec Marie. Celui-ci nous a conduits à une certaine reconnaissance de notre travail en permettant à des publics dits *spécifiques*[3] de briller sur scène. Nous avons pu créer, grâce à l'improvisation, des spectacles qui révèlent la profondeur des invisibles. Les vieux et les fous trouvent une place dans notre théâtre et proposent leur propre beauté aux spectateurs. En nous détachant d'un besoin de légitimité dans ce milieu, nous avons, je pense, ouvert l'improvisation à un nouveau public ainsi qu'aux institutions. Il a parfois fallu montrer les crocs, mais nous avons toujours souhaité proposer notre vision artistique au public plutôt que de lui servir ce qu'il était peut-être venu voir.

---

[3] « Publics empêchés », « publics spécifiques », « publics précaires », « publics en difficulté », les euphémismes sont nombreux pour qualifier les publics éloignés d'un accès à la culture que ce soit pour des raisons physiques, psychologiques ou sociologiques.

LES SPECTACLES

Improviser dans un cadre dramaturgique

Avant 2014, comme beaucoup d'improvisateurs professionnels, je cherchais à me démarquer dans un milieu où les spectacles d'improvisation sont majoritairement proposés par des amateurs. Pour cela, je misais sur des décors soignés, des costumes élégants, une esthétique qui donnait une impression de professionnalisme. Avec le recul, je me demande si cette approche ne masquait pas parfois un manque d'exigence sur le travail de fond. Nous proposions des *cabarets*[4] chics et c'est à peu près tout ce qui nous séparait des amateurs : une exigence placée au mauvais endroit. Le cœur du spectacle, c'est-à-dire la manière d'improviser, restait immuable. Je ne savais pas comment sortir de ce paradigme jusqu'à avoir l'idée de préparer des tableaux articulés autour d'un enjeu, une mise en scène ou une

---

[4] En improvisation, un **cabaret** est un spectacle composé de scènes courtes et variées, sans compétition, où l'interaction avec le public est souvent privilégiée.

trame. Une création thématique proposant un propos esthétique et un point de vue sur l'improvisation. Il est d'ailleurs amusant et paradoxal de se rendre compte que, l'improvisation en entreprise demande cette même préparation de synopsis afin de délivrer un propos auprès des salariés. On appelle cette pratique : improvisations thématisées. Les décideurs en entreprise ne payent pas une prestation *pour ne pas savoir ce qu'ils vont voir*. Ils ont un cahier des charges et des comptes à rendre à leurs supérieurs. C'est très certainement de ces 10 années passées à préparer des scènes pour les entreprises qu'a germé, de manière inconsciente, cette idée. Je ne me l'étais jamais formulé avant de l'écrire ici. Ainsi, c'est de cette précédente activité professionnelle, de ces heures d'écritures de scènes, de cette période d'errance professionnelle, de mal-être, qu'est arrivée ma *résurrection*.

J'ai créé mon premier *spectacle à tableaux* en 2014. Il était inspiré par la psychanalyse et la série « En analyse ». Il correspond aussi à ma rencontre avec Marie et aux discussions que nous pouvions avoir sur ce sujet. Ce spectacle s'appelait « Mythomanie » et il est le point de départ de mon travail actuel. J'ai créé ce spectacle grâce aux ateliers amateurs que je donnais à Melesse (près de Rennes). C'est une troupe que j'avais créée 10 ans plus tôt, composée de personnes que j'avais principalement formées, curieuses et qui avaient très envie de m'accompagner dans mon cheminement et mes recherches. Cet atelier est devenu un enjeu important pour moi. Un espace vital de création où j'ai pu m'épanouir et développer une vision que je n'avais pas la place de développer ailleurs. Dans notre économie d'artiste et de compagnie, les temps de résidence sont rares et coûteux alors que les ateliers sont faciles à trouver et rémunérés. Déplacer ses objectifs et en faire un espace de recherche plutôt qu'un endroit de loisir permet de créer une identité artistique à la troupe, enrichissante pour tous et toutes. Je dois beaucoup aux amateurs que j'ai pu former et mettre en scène.

Ces nouvelles possibilités ont ouvert une porte et une liberté de création beaucoup plus importante pour moi. La même année, j'ai créé un autre spectacle jeune public, cette fois, inspirée des « Goonies » et de « Stand by me » : « Gang de Gosses ». Ces films des années 80 développaient un rapport singulier entre l'enfance et un monde adulte violent, tout ça dans une épopée nostalgique sur le thème de l'amitié. J'ai donc analysé ces films, isolé la structure, les thématiques, les enjeux, les archétypes et je les ai transposés. Le spectacle était découpé en différentes parties narratives, avec des objectifs propres et un certain contenu à délivrer. Ce spectacle, tout comme les films, suivait le schéma du « Voyage du héros »[5]. Certaines parties étaient mises en scènes, mais l'intrigue, les dialogues ainsi que la manière d'interpréter les personnages imposés étaient libres. Nous avions travaillé en amont quelques heures pour préparer le spectacle et le résultat fut très satisfaisant.

---

[5] Le **Voyage du Héros** est un schéma narratif décrit par Joseph Campbell dans *Le Héros aux mille et un visages* (1949). Il suit une structure en plusieurs étapes où un protagoniste quitte son monde ordinaire, affronte des épreuves initiatiques, reçoit une révélation, puis revient transformé.

Créer un cadre dramaturgique[6] demande d'écrire, de décider en amont, d'avoir une vision. On écrit du théâtre. Pourquoi improviser plutôt qu'écrire ? Qu'est-ce qui est écrit ? Qu'est-ce qui est improvisé ? Et surtout pourquoi a-t-on fait ces choix ? Ces questions sont généralement absentes de l'improvisation traditionnelle, car on pense que l'écriture nuit à la spontanéité, alors que l'un n'a rien à voir avec l'autre. La spontanéité n'est pas incompatible avec l'écriture ou la mise en scène et n'est sûrement pas un gage de qualité du spectacle. C'est d'ailleurs tout l'enjeu pour l'acteur de théâtre : découvrir son texte au fur et à mesure qu'il le dit. Donc, la spontanéité est inhérente à l'improvisation. Le cadre ne fait que préciser le propos artistique.

Lorsque je parle de cadre, je ne parle pas de *format* ou de *concept*. Les différents *formats* classiques (même les formes longues) ne portent que très rarement un propos. La mise en scène se place dans les moments de présentation ou de transitions, mais rarement au cœur des improvisations. Ces éléments sont laissés aux interprètes. Or, pour moi, le fond doit se travailler autant que la forme : en amont. Certains improvisateurs possèdent naturellement un jeu profond, mais cela ne garantit pas l'identité artistique du spectacle. Pour moi, ces spectacles proposent une expérience qui reste aux portes du potentiel réel de l'improvisation. Les règles, les catégories, jouer « *à la manière de* », sont des micros-structures dramaturgiques intéressantes à travailler, mais qui

---

[6]La **dramaturgie** désigne l'art et la technique de la composition théâtrale. Elle englobe l'organisation de l'intrigue, la construction des personnages, les dialogues, le rythme et la structure du récit.

sont souvent abordées de manière superficielle. Ces spectacles portent en eux la possibilité d'un au-delà, une puissance qui fait son succès, mais qui est rarement conscientisée.

Je pense que les formateurs professionnels ont un rôle important à jouer pour que l'on puisse permettre à l'improvisation de sortir du divertissement inoffensif et défouloir dans lequel elle est souvent cantonnée. Penser le spectacle improvisé comme une création artistique qui défend un propos esthétique, conceptuel et intellectuel est, je crois, ce qui permet de tendre vers une forme artistique qui dépasse la virtuosité et l'intérêt pour cette pratique.

Alors, comment, dans un cadre extrêmement serré, conserver l'intérêt d'improviser ? Que reste-t-il à se mettre sous la dent ? À l'inverse, quel est l'intérêt d'avoir un cadre s'il est trop ouvert ? Dans nos spectacles, la mise en scène, les déplacements, les intentions de jeu, la teneur de la conversation ou encore la construction dramaturgique de la scène peuvent être contraintes… Alors que reste-t-il à improviser ? Le texte, la curiosité du jeu, la liberté dans le cadre… C'est ce qui nous rapproche le plus du théâtre écrit. Mais c'est le frottement, la vibration entre l'imprévu et la structure qui laissent la place au spectateur et révèlent le processus créatif. Dans la résolution du problème posé, l'improvisateur trouve des solutions grâce à son imagination et sa technique, rendant l'ensemble dynamique et vivant.

Pour improviser dans un cadre dramaturgique, il faut s'interroger sur l'essence de la scène, l'isoler comme une cellule, l'analyser et créer un *moteur de jeu* vivant qui sera au service du propos et de l'improvisateur. J'entends, par *moteur de jeu*, la dissociation de ce qui est figé, de ce qui ne l'est pas afin de donner une direction claire à la scène. C'est un canevas qui indique certains objectifs dramaturgiques, des étapes, des enjeux. Ce moteur peut ainsi être renouvelé chaque fois, car il ne s'agit pas d'un moteur narratif. Le moteur ne sert pas à raconter une situation, mais à interroger le jeu lui-même.

Pour parvenir à ce résultat, il est nécessaire que l'improvisateur renonce au plaisir valorisant de se croire responsable de tout ce qui arrive sur scène. La reconnaissance individuelle est un aspect fort du jeu en improvisation, mais peut aussi créer des dynamiques où l'ego prend le dessus sur le collectif. Tout comme en sport, il s'agit d'un équilibre subtil à trouver entre performance individuelle et dynamique de groupe.

Il est donc nécessaire d'apprendre à mettre ses qualités au service d'une œuvre, ce qui n'est pas toujours aisé, car le joueur ou la joueuse a beaucoup à perdre avant de se rendre compte de ce qu'il a à gagner. Paradoxalement, servir une œuvre qui possède une assise dramaturgique tout en développant une force de signifiants[7], libère l'interprète, lui permettant ainsi d'incarner pleinement tout

---

[7] Pour résumer, en psychanalyse, surtout chez Lacan, le **signifiant** est un mot ou un son qui porte du sens, mais dont la signification peut changer selon son contexte. L'inconscient est structuré comme un langage, et les signifiants s'enchaînent pour former notre pensée et nos désirs.

en se libérant de la pression du public. J'entends par là, que la dramaturgie génère le sens afin que l'improvisateur puisse en devenir son médium. C'est à mon sens ce qui permet de résister à la tentation d'un cabotinage sécurisant. Finalement, grâce au cadre, ce n'est plus l'improvisateur qui sera critiqué, mais l'œuvre elle-même. Nous aimons dire que pour le public, *si le spectacle était bon, ce sera grâce aux acteurs… Et s'il était mauvais, c'est à cause de nous.*

La responsabilité d'auteur

Une question revient systématiquement dans notre travail (et surtout auprès des improvisateurs) : qu'est-ce qui est écrit et qu'est-ce qui est improvisé ? Nous avons, avec Marie, une réponse toute faite qui nous satisfait. *TOUT*. Tout est écrit et tout est improvisé. Qu'est-ce que ça veut dire ? Comme je le disais, la structure est écrite, la mise en scène aussi… Mais, paradoxalement, le texte également. Un improvisateur a développé son auteur toute sa vie d'artiste. Une réplique dite sur scène devient écrite. Tout comme le reste. Elle fait partie de l'ensemble.

C'est ici que la notion de *Méta-auteur* et d'*Auteur-interprète* arrive. L'improvisateur est un auteur, puisqu'il crée son texte, ses intentions de jeu, etc. Il a une part d'écriture importante dans le spectacle. Mais celle-ci est dirigée, affinée par le cadre imposé. C'est ce parti-pris qui permet d'un côté d'être garant du spectacle, mais, de l'autre, d'avoir accès à la magie de la création mise à nu. C'est aussi pour cette raison qu'il est nécessaire de distribuer les comédiens afin qu'ils soient au bon endroit. Lorsque le spectacle est mal distribué, ou que les *auteurs-improvisateurs* sont faibles, le spectacle peut ressembler à une coquille vide. C'est l'effet *Canada Dry* : ça ressemble au spectacle... Mais ce n'est pas le spectacle. On sauve les meubles. Ainsi, les improvisateurs doivent assumer leur part, mais aussi développer leur propre auteur.

L'après-spectacle et les retours

Si improviser dans un cadre dramaturgique permet d'ancrer le spectacle dans une structure plus construite, cela influence aussi la manière dont il est perçu par le public. Marie et moi avons un rapport très différent aux retours d'après-spectacles. Marie éprouve souvent le besoin d'en recevoir, alors que, de mon côté, pas du tout. C'est à la fois une question de protection et de vision du spectacle. Improviser, demande de s'ouvrir au maximum, d'être poreux. Hélas, les circonstances me permettent rarement de m'isoler et cela peut être mal perçu de l'extérieur. Ainsi, je vis, d'une manière générale, assez mal les sorties de scène et je peux sembler un peu distant ou fermé. J'erre un peu, je deviens transparent, je cherche Marie, qui souvent discute avec des gens.

Nos créations sont pensées comme des miroirs, ainsi, ce que le spectateur y perçoit lui appartient avant tout. Je préfère qu'un échange se construise sous forme de questions plutôt que de simples avis. Je respecte ce qu'ils pensent, mais j'estime que cela ne me regarde pas forcément. Bien sûr, j'espère toujours que le public appréciera le spectacle, mais, comme je ne peux pas contrôler son ressenti, l'entendre me dire s'il a aimé ou non ne m'apporte pas grand-chose au-delà d'un moment agréable.

En revanche, je suis frappé par la manière dont certains formats improvisés, notamment en festival, échappent à toute analyse critique. Un spectacle raté est souvent justifié par un simple « *Les acteurs n'étaient pas en forme ce soir* », et la discussion s'arrête là, comme s'il n'y avait rien d'autre à en dire. À l'inverse, un spectacle plus construit, qui assume un propos fort, même s'il est maladroit, voire raté, peut susciter des réactions vives, parfois hostiles. Il sera questionné sur le fond, la forme, sur la pertinence même d'utiliser l'improvisation. Se joue-t-il quelque chose de personnel pour le spectateur ? Un sentiment de trahison, de jugement ? Quoi qu'il en soit, j'ai toujours trouvé plus intéressant d'être critiqué sur des choix artistiques assumés que sur la simple performance des acteurs à l'instant T. Une critique, même négative, est au moins le signe qu'un spectacle a provoqué quelque chose et qu'on a finalement quelque chose à en dire.

Paradoxalement, lorsque je suis spectateur, j'adore analyser, discuter et critiquer ce que j'ai vu. Mais je le fais rarement auprès des artistes concernés, sauf si j'ai adoré le spectacle, ou si la situation l'impose. J'essaie, désormais, de ne plus donner mon avis quand on ne me l'a pas demandé. J'ai conscience que, dans ces moments-là, je peux être maladroit et tomber dans ce que je n'aime pas qu'on me fasse : donner mon avis en expliquant ce que *j'aurais fait à leur place*...

We Are Family

We are Family est le spectacle fondateur de la Morsure... La mère du vinaigre, comme dirait Marie... Ce spectacle a été le départ d'un univers complet que nous avons décliné par la suite : 3 solos (l'expo de Milo, L, P), « le Banquet », un disque, l'Oracle de La Morsure illustré par Milo... Est-ce par esprit de revanche ou pour compenser le deuil forcé de ce spectacle qui n'a pu être joué qu'une fois et vu uniquement par 160 personnes ? En tout cas, il nous a marqués et nous ne parvenons pas à nous en défaire...

J'ai créé ce spectacle en 2015 à un moment de grande insécurité affective. J'avais pris conscience, d'avoir traversé une période d'errance fantomatique et je m'étais réveillé. J'étais, dans ce que j'appelle avec une certaine joie prétentieuse : *mon éveil artistique*. J'étais pris par un désir profond de création. C'était comme découvrir l'invention des lunettes. J'accédais à un moyen de devenir une meilleure version de moi-même. Je sortais ma tête de l'eau, je reprenais mon souffle et je voyais la terre.

Ainsi, cette pièce s'inscrit dans un moment d'absolu et de bonheur artistique immense, alors que ma vie personnelle prenait l'eau de toutes parts. À ce moment, j'avais besoin de voir les choses en grand. Je me trouvais enfermé dans un conformisme artistique, et dans un marché du spectacle vivant qui ne me convenait pas. Qui plus est, dans lequel je n'aurais que peu de chance d'exister. J'étais condamné à créer des petites formes légères, pour deux ou trois comédiens, tout public, qui rentre sur un plateau de 6 par 5 mètres. Alors, vaille que vaille, tout comme à mes débuts, puisque tous les secteurs professionnels étaient bouchés, tout était finalement possible. J'ai décidé de m'entourer de personnes qui m'inspiraient et accepteraient de me suivre dans ce projet expérimental.

Nous nous sommes donc retrouvés à sept : au plateau Lionel Chouin, Marie Parent, Laurent Mazé. Fred Joiselle et Nicolas Courret à la musique et, enfin, Stéphane Grammont à la vidéo. N'ayant pas de théâtre partenaire pour créer ce spectacle, nous l'avons proposé à l'Antipode MJC à Rennes, une scène de musiques actuelle, donc pas forcément adaptée à nos besoins techniques et sans contrepartie financière. Mais nous avions pour nous un espace de diffusion et l'envie d'en découdre.

L'invitation au mouvement

Parfois, lorsque je regarde un film ou une peinture, que j'écoute un groupe, je me dis que *c'est ça que je voudrais faire*... En rencontrant la pièce « Bouge plus ! » de Philippe Dorin, j'ai vécu la même chose. Un choc esthétique, une évidence dans le fond et la forme. C'est ma propre histoire, ma propre position dans ma famille qui m'est apparue. Une mère centrale, l'axe fort. Un père périphérique, emprisonné dans ses préoccupations matérielles, et un fils, seul, prisonnier de son imaginaire. C'est l'image de cet enfant seul, que personne n'écoute, et qui erre, cherchant à se raccrocher à ses parents, que j'ai finalement décidé de raconter. Cette création questionne ce qu'est une famille, l'autre famille, celle dont je suis encore le fils.

> « Cette pièce a été conçue comme une suite de scènes pouvant servir de matériel à la construction d'un spectacle. L'ordre peut être changé. Certaines scènes peuvent être répétées plusieurs fois, sur des modes différents ou en interchangeant les rôles. Des scènes muettes peuvent être ajoutées. Les temps de silence doivent être extrêmement dilatés. Au contraire, ne pas appesantir les temps de dialogue. Il faut toujours qu'on garde l'impression de quelque chose qui s'essaie. Merci. »
> **Philippe Dorin**

J'ai reçu cette pièce comme une invitation et le mot d'introduction comme une permission d'utiliser son travail. C'est un peu comme si l'auteur m'encourageait lui-même dans ma démarche. C'est l'humour, la précision et l'absurdité des situations de ce texte qui m'ont donné la direction du travail. Je l'ai tellement aimé qu'au départ, je pensais faire jouer les comédiens, toujours en improvisation, à la manière de la pièce. Par la suite, j'ai affiné mon travail. Je me suis plongé dans ce que j'aimais dans cette pièce. Je l'ai décortiquée, interprétée, pour me l'approprier et m'en affranchir. Malgré tout, elle reste là, quelque part.

> « Bouge plus ! Ça fait penser à la vie qui est une tentative désespérée de tout faire tenir debout, mais ça ne dure jamais longtemps. C'est essayer, en quelques mots, de faire tenir debout une famille, le temps d'un repas du dimanche. Ça bouge tout le temps. » **Philippe Dorin**

Dans ma famille, quand on est à table le dimanche, tout le monde parle en même temps. Ce n'est pas d'entendre qui est important, c'est de dire. Les personnages du spectacle n'écoutent pas, ils se racontent. Un seul voudrait être entendu, c'est le fils, mais personne n'a le temps. *We are Family* n'est pas un récit autobiographique, mais il se nourrit de mon histoire. Il raconte la complexité à trouver chacun sa place dans un ensemble. Comment la mécanique d'un quotidien absurde reproduit ce que l'on pense être l'affection, afin de protéger la cellule familiale ? Un espace bruyant, où l'on se parle tout le temps et l'on ne s'entend pas.

Dans ma famille, la parole de l'enfant n'a pas de valeur. Chacun est enfermé à sa place, tentant de jouer au mieux son propre rôle. Moi, celui du fils, rêvant d'appartenir à la famille qui ne l'attend pas pour exister. J'ai l'impression de courir derrière un bus, dont le chauffeur me voit dans le rétro, et ne s'arrête pas, mais ralentit juste assez pour que je n'abandonne pas ma course. Je suis conscient de tout ça, mais je continue de courir.

Les personnages de *We Are Family* tentent d'imiter la vie. Ils traversent cet espace comme de parfaites reproductions de ce que l'on imagine être un père ou une mère. Ils sont mus par l'habitude et le quotidien. Ils reproduisent mécaniquement des gestes et des paroles, partageant leurs préoccupations avec eux-mêmes. Préparer un dîner, faire l'amour, parler de la taxe d'habitation ou d'un cancer : tout a la même valeur. C'est pour traiter de cette absurdité et de ce danger qui nous guette en tant qu'enfant ou parent que j'ai choisi d'utiliser l'humour et le décalage.

Les comédiens se parlent et ne se répondent pas. Ils manient l'absurde d'un dialogue ou d'une situation jusqu'à en faire éclore une émotion. Dans le spectacle, tout est grave, et rien ne l'est jamais. C'est drôle et tellement triste à la fois. L'humour est pour moi un moyen très puissant de faire passer des émotions et de décaler la violence, de rendre acceptable, l'inacceptable et ainsi être touché de plein fouet par le propos. L'humour est d'ailleurs chez moi un trait assez fort de ma personnalité, pour séduire ou me protéger. Lorsque je suis insécurisé, je vais faire énormément de blagues, comme pour trouver une place, être accepté.

Chaque famille vit dans un équilibre précaire, et le plus grand danger pour celle-ci est de s'effondrer, ou d'exploser à cause d'un de ses membres. Le spectacle est organique et fonctionne comme un chaos organisé : on danse, on court, on joue de la musique, on invente, on se perd, on se retrouve... C'est ici que l'improvisation est intéressante pour servir ce propos. Chaque acteur a une partition très serrée à tenir et à développer. Il ne s'appuie pas sur un texte, il s'appuie sur une structure qu'il ne doit pas quitter, au risque de fragiliser l'ensemble et de tout faire s'écrouler. En même temps, il contribue à ce mouvement perpétuel, à ce que rien ne reste à sa place, ne reste figé.

Le processus créatif

C'est réellement avec ce spectacle que je me suis heurté aux limites du cadre dramaturgique. Créer une pièce de A à Z sur une structure en 3 actes composés de 3 scènes. Trouver une cohérence de personnages et de styles... Il ne s'agissait pas *d'écriture de plateau*[8], mais *d'écriture improvisée au plateau*. J'entends par là que nous ne devions jamais fixer le texte, ni même parfois la mise en scène. Il s'agissait d'affiner au maximum la structure dramaturgique de la scène, la relation des personnages et ce que j'appelle *le moteur de jeu*. À savoir, le système de construction de la scène, comment elle se joue, quels en

---

[8] **L'écriture de plateau** est une méthode de création théâtrale qui émerge directement du travail en répétition, sur le plateau de scène, plutôt que d'un texte préexistant. C'est un processus collaboratif où l'écriture du spectacle se fait au fur et à mesure des interactions entre les acteurs, le metteur en scène, et parfois d'autres artistes (scénographes, musiciens, etc.).

sont les enjeux, le style, etc. J'ai donc été obligé d'imaginer un processus de création propre à cet objectif, de préserver l'improvisation dans un cadre très écrit. Je ne savais pas encore exactement comment faire ni ce que ça allait donner. Cette méthode était :

- préparer les scènes en amont, en décrire les objectifs et le fonctionnement le plus précisément possible.

- Transmettre les scènes et les travailler au plateau en improvisation

- Les analyser pour en tirer l'essentiel du moteur de jeu.

- Isoler le moteur de jeu

- Rejouer la scène en faisant en sorte qu'elle garde son contenu narratif, mais qu'elle reste vivante et improvisée.

Le problème principal, pour aborder ce travail de création, était que je n'avais que l'intuition de là où je voulais aller. Une sorte d'image mentale floue. Une émotion, une sensation qui me guidait. Je ne pouvais pas dire exactement où j'allais ni comment, mais j'avais l'intime conviction d'être sur le bon chemin. Je devais fabriquer des outils pour un objet que je ne connaissais pas encore.

Cette période de recherche a été très motivante et les comédiens qui m'accompagnaient ont pleinement participé à cette découverte. Je travaillais à partir d'improvisations et je cherchais à modeler un système de jeu qui me permettrait d'*empiler les sens*. De pouvoir raconter l'histoire avec plusieurs niveaux de lecture simultanés. Une narration à la fois très concrète, réaliste, mais onirique et ésotérique. Je truffais les scènes d'indices cachés révélant un sens plus profond à la pièce, comme subliminal. Je cherchais un moyen pour que le public reçoive le spectacle sur plusieurs niveaux de perceptions, à la fois consciente et inconsciente. *L'empilement des sens* s'oppose à *l'écrasement des sens* : jouer une situation de manière logique et réaliste, faire ce qui est attendu, paraphraser, être illustratif.

Je voulais travailler sur l'histoire de cette famille, trouver une forme qui raconte ce que chacun des personnages est, dans la façon d'écrire son texte en direct, de se mouvoir. Chacun de ces aspects se complétant et dialoguant entre eux. Comme je ne voulais pas figer les scènes, il fallait trouver comment garder l'improvisation tout en répétant pour obtenir tout ça. J'étais sûr que c'était possible. Alors, jour après jour, je précisais mon propos et j'apportais de nouvelles idées de scènes. Je proposais d'explorer certains fonctionnements de personnages, de situations… Petit à petit, nous avions le spectacle que je pressentais. Un objet brut, puissant, drôle et violent, racontant l'histoire explosée de cette famille nucléaire.

Le triptyque explosé d'une famille nucléaire

J'aime écrire des systèmes, des règles du jeu. Chaque personnage était à la fois maltraité et maltraitant. Il avait sa propre dramaturgie, sa propre façon d'écrire son texte, ses propres objectifs. Ils interagissaient un peu comme dans le jeu Poule-Renard-Vipère. Le renard mange la poule. La vipère mange le renard, et la poule mange la vipère. Chacun animait l'autre. Comme je l'ai dit, j'avais le texte de Dorin en tête. Ce bruit vide des mots. Mais je n'avais pas la forme. Je n'avais pas non plus défini les personnages ni leur façon de parler. Je me suis nourri de la personnalité des interprètes. C'est en les regardant, en les écoutant, en les laissant justement assez libres dans ce cadre que j'ai pu fixer de nouvelles règles pour chacun. C'est aussi à ce moment que nous avons trouvé le concept du *Monstre.* Je pense que c'est Marie qui a nommé ce principe. Trouver son monstre. Un personnage qui est une version monstrueuse de nous-mêmes. D'un de nos travers poussés à l'extrême. Ce *monstre* sert de base à l'écriture fictionnelle.

Marie jouait la mère : *L,* pas un prénom, une initiale. Comme un mot qui disparaît petit à petit. C'est Marie qui a trouvé le nom de son personnage. Je ne pense pas que nous ayons perçu à l'époque la justesse de cette initiale. La première lettre d'un prénom. Effacée ou à écrire ? Effacée dans « We Are Family », réinscrite dans le seul en scène, « L – Stand up tragique ».

Marie apporte toujours le sens et le tragique. Elle densifie le propos. Elle ramène avec elle, sa valise de profondeur et de sensibilité. Dans *We Are Family*, la mère, c'est l'absence. Elle est morte. Elle est le fantôme. Elle n'apparaît que lorsqu'on parle d'elle. Elle est la seule à s'adresser au fils. Elle est le lien. La ponctuation. Son texte est court, rare et obsessionnel. Répétitif comme un souvenir cauchemardesque. Elle interrompt son mari. Lui pose des questions qui n'ont rien à voir avec ce qu'il dit, pour le ramener, pour le sortir de sa folie des mots. C'est la façon que nous avions trouvée pour jouer avec Laurent et le ramener de ses improvisations, l'interrompre, et le sortir de son personnage. Sa première réplique était : « Milo, tu veux une tartine ? » Un peu comme chez David Lynch, elle est l'énigme du spectacle. Cette première réplique est répétée au moins vingt fois. Elle parle, mais personne ne l'entend. La mère ne joue pas sur le même plan que les autres acteurs qui prennent leur petit déjeuner. Elle est surélevée, suspendue.

Laurent Mazé jouait Philippe, le père. Dans la vie, Laurent est quelqu'un d'assez bavard, que je trouve très intelligent et qui a une culture historique et politique énorme. Il arrivait souvent avec des journaux et adorait parler de l'actualité. Alors, son monstre a donné le père : le bruit inutile des mots. Il parle tout le temps. Son esprit est rempli par le vacarme extérieur du monde. Par les infos en particulier. Il fabrique une pensée composite qui doit s'exprimer tout le temps. Son but est de dire, non pas pour être entendu, mais pour se prouver qu'il existe. Son texte doit sortir de lui. Ce bruit raconte sa solitude. Le père ne veut rien entendre. Il refuse d'être ramené au réel. D'être confronté à son deuil. Prenant énormément de place, il est, je pense, le noyau, l'ancrage de la pièce. Une des scènes le montre, en train de délirer à partir d'un article de journal (du jour). Laurent lisait d'abord l'article et puis, sans transition, il rentrait dans un délire improvisé où il racontait ce qu'il aurait fait, lui, dans la situation.

Lionel Chouin est *Milo*, le fils. C'est un personnage poétique. Il est l'art, l'abstraction, l'enfance, l'innocence, la poésie. Lionel est un acteur difficile à diriger. C'est un artiste sauvage, plasticien, dont la matière artistique déborde. Alors, ne pouvant le diriger, je l'ai *orienté*. J'ai trouvé le moyen de lui proposer des bords. Alors, nous avons trouvé ensemble Milo : l'Enfant, le Fou, le Prophète. Milo c'est un peu l'enfant du film « Le Sixième Sens », qui voit les morts. Il a un rapport ésotérique et symbolique au monde. C'est pour ça qu'il peut convoquer sa mère. J'ai toujours aimé le jeu de Lionel : étrange et incarné. Milo ne s'exprime que par images. C'est un adolescent torturé joué par un adulte. Son père ne lui répond jamais. Il est lui-même pris dans la folie de son père et voudrait pourtant lui ressembler. Alors, il accumule des journaux qui finissent par recouvrir toute la scène. Il essaie de les garder sur lui comme pour capturer le langage... Il vit des moments avec sa mère. Ces moments oniriques ne sont jamais justifiés comme tels. Ils s'inscrivent dans la réalité des personnages.

Dans ce biopic imaginaire, les trois personnages représentent une part de moi, de ma psyché, de mon histoire, mais sont en même temps des personnages entiers avec leurs propres objectifs. Je me suis rendu compte de cela après coup. Cette écriture rend plus complexe et plus ouverte la lecture de l'œuvre, car, encore une fois, elle demande au spectateur de recomposer le tableau avec sa propre subjectivité. Lorsque je crée les personnages dans une pièce, j'essaie de trouver comment ils éclaireront les autres. Comment les dialogues et les interactions permettront de les révéler. Écrivant de l'improvisation, il est nécessaire de réfléchir aux liens et interdépendances des personnages de la même manière.

Au-delà de définir un cadre de jeu, créer des personnages qui seront improvisés, c'est inventer une façon de jouer, de parler et de penser. C'est essayer de comprendre l'artiste qui improvise pour lui assigner des contraintes qui le guideront dans la direction que je souhaite. C'est utiliser une part de lui, parfois monstrueuse, la développer, puis la soutenir par de multiples appuis techniques. Qu'est-ce que l'acteur doit faire pour que le personnage existe ? Quels gimmicks met-il en place ? Quelle situation va l'éclairer ? Comment réagit-il dans telle ou telle situation ? La création du personnage passe par une mise en place concrète de repères et d'actions, de contraintes de textes, qui maintiendront l'acteur dans son rôle.

La limite de l'écriture improvisée

La limite de cette méthode de travail a été atteinte au moment où nous sommes passés à la phase de fixation-stabilisation des scènes. J'avais créé des outils, les scènes étaient prêtes. Il fallait commencer à répéter. Alors, nous avons joué et rejoué les scènes. Certes, les scènes étaient devenues précises, mais elles paraissaient désormais rigides et mortes. Les comédiens avaient perdu l'espace de l'improvisation, leur part de création en direct. Alors que tout l'intérêt de la démarche se basait sur l'exploration de l'improvisation dans un cadre dramaturgique, nous avions tué la pièce à force de la répéter.

C'est à ce moment que nous avons arrêté de répéter le spectacle de manière classique. C'est-à-dire, rejouer les scènes. Se renouveler alors qu'on souhaite quelque chose de très précis est forcément paradoxal, surtout quand on est satisfait du résultat, mais que l'on doit, malgré tout, inscrire le spectacle dans le corps et la mémoire. C'est à ce moment que j'ai imaginé l'exercice : « Dans la tête de l'improvisateur ».

Dans la tête de l'improvisateur

Pour remédier au problème de la répétition tout en essayant de fixer le processus créatif, il ne fallait plus jouer, mais dire comment on aurait joué les scènes. Répéter, usait le processus créatif. Alors, les comédiens se sont mis à exprimer ce qu'ils auraient fait ou dit dans la scène. Ce processus a complètement nourri le langage Méta que nous développons depuis cette époque.

Dire ce que l'on pense alors que l'on joue autre chose. Entendre ce que les acteurs pensent fut un privilège et une aide précieuse pour la suite. On ne disait pas qu'on allait faire une *Italienne*[9] ou une *Allemande*[10], car c'était impossible... On faisait une *Méta*. Ce procédé nous a permis de continuer de travailler et de préserver la fraîcheur des improvisations.

Aujourd'hui encore, je continue d'utiliser cet exercice auprès des comédiens qui veulent découvrir la Méta. Dans cet exercice, on ne joue pas la scène. On dit ce que l'on jouerait. On doit décrire les 3 niveaux de jeu. C'est un focus sur 30 secondes d'impro. Pendant 5 minutes, on explique comment et pourquoi on se serait placé à tel endroit de la scène pour démarrer, ce à quoi on est en train de penser, ce qu'on va dire ou faire. L'autre n'est pas censé entendre la pensée de son ou sa partenaire. Il ne peut entendre que ce qui est réellement dit par le personnage : je vais dire « ... » et l'acteur le dit. Pareil pour l'action. Mais au bout d'un moment, les choses se polluent. Le texte pensé est entendu et intégré par le ou la partenaire. Cela devient alors, une scène vraiment intéressante. Cet exercice participe à la conscientisation du jeu et du processus créatif. Ce jeu est lui aussi aux deux endroits, car, bien qu'il puisse sembler didactique, il est une forme d'écriture théâtrale qui se suffit à elle-même. Le fond et la forme sont réunis dans la même proposition.

---

[9] Une répétition « à l'italienne » en théâtre est une répétition rapide et sans pauses, où les comédiens récitent leurs répliques à haute vitesse, généralement sans les mouvements ni les actions physiques.
[10] Une répétition « à l'allemande » en théâtre est une répétition technique axée principalement sur les aspects matériels du spectacle : les déplacements des comédiens, les changements de décor, les lumières, les effets sonores, et les costumes.

La musique comme révélation

C'est un spectacle où rien finalement n'était laissé au hasard, mais qui portait le paradoxe d'avoir besoin de l'improvisation pour être vivant. Je voulais absolument que tout ait un sens. Que chaque réplique soit utile. Que la structure, le choix des chansons soient des éléments très clairs qui amplifient le sens et donnent des réponses aux spectateurs. Tous les titres des morceaux interprétés par Fred Joiselle et Nicolas Courret étaient des indices sur les scènes, un éclairage. La chanson « Don't you forget about me » des Simple Minds, annonçait, pour moi, clairement l'enjeu du spectacle pour tous les personnages : *ne pas oublier, ou ne pas être oublié*. C'est amusant, car j'ai toujours détesté Simple Minds, mais un jour, je l'ai entendu à la radio et j'ai su que c'était ce titre qui allait être le générique du spectacle. J'ai dû convaincre les musiciens d'en faire une reprise... Ce qui ne fut pas une chose aisée, puisqu'eux aussi détestaient ce morceau. Nicolas m'a même dit : « On ne peut pas faire de bonne reprise à partir d'un mauvais morceau, car il reste toujours un mauvais morceau ». Je me suis battu, j'ai tenu bon et ils en ont fait une excellente reprise... D'un morceau peut-être pas si mauvais.

Je ne sais pas pourquoi, mais j'ai des intuitions fortes qui deviennent des convictions. Il a été plus facile de proposer la reprise de « Play dead » de Björk chantée par Marie et Fred. À la fin du spectacle, ce morceau était la révélation : je joue la morte... Je me disais qu'on pourrait ne pas aimer le spectacle, mais qu'on ne pourrait pas me dire que c'était n'importe quoi. Par contre, est-ce que le public a compris tous ces niveaux ? En soi, je me dis que ce n'est pas important, que l'inconscient a fait son travail et que, de toute façon, mêmes invisibles, tous ces éléments sont quelque part.

C'est une pièce où je réglais certains comptes tout en cherchant une forme d'émancipation dans ma vie et dans mon travail. La création reste un espace où mon inconscient a le droit de prendre le dessus. Ma conscience est le cadre et la structure… Pour moi, le résultat et le développement sont aussi importants l'un que l'autre. Ils font partie d'un tout que je construis en même temps. C'est aussi certainement pour cette raison que j'aime qu'il reste improvisé, pour qu'il continue de vivre, me surprenne et qu'il m'échappe.

Parallèle·s

Entre 2017 et 2018, j'avais besoin d'un nouvel espace de recherche. Le travail avec les amateurs ne me suffisait plus. Je ne voulais pas forcément créer un spectacle, je voulais explorer une matière nouvelle. J'avais déjà une structure en tête, mais je n'avais pas le mode de jeu. J'avais envie de travailler sur une structure inspirée de *Littoral* de Wajdi Mouawad. Dans cette pièce, je voulais explorer mon obsession du temps. Une pièce où, passé et présent s'entremêlent. Une histoire qui tourne sur elle-même. Cette idée s'était cristallisée autour de la quête du père.

Cela faisait longtemps que je cherchais quelque chose à faire avec cette pièce sans savoir trop par quel bout la prendre. J'avais l'intuition de ce que je cherchais, mais je ne savais pas encore comment le trouver. J'avais déjà travaillé sur une scène avec cinq personnages qui naviguaient entre plusieurs réalités, une écriture onirique où des acteurs jouaient ensemble des scènes différentes dans un même espace-temps. Mais je n'avais pas réussi à développer cette idée.

J'aime créer les spectacles dans le désordre. Avec des notes, des intuitions, des questions qui me travaillent au niveau personnel ou théâtral. Je me lance dans une direction, puis dans une autre et les choses s'assemblent petit à petit dans ma tête. Ce qui m'intéressait dans *Littoral*, c'était l'écriture onirique. Je voulais que les scènes s'enchaînent, se superposent et que le personnage principal traverse l'histoire comme dans un rêve.

En relisant mes notes de l'époque, j'ai trouvé que ça explicitait assez bien mon processus créatif. Je me suis dit qu'elles étaient intéressantes à analyser et à partager. J'ai donc décidé de les recopier, sans trop les remettre en forme et de les commenter au fur et à mesure.

Notes tirées de Parallèle.S (2018)
Premier jet (12 juin 2018) – Premières idées
L'intuition

- Création d'un spectacle Méta.
- Quête – Enquête identitaire ?
- Qui suis-je ? Qui était mon père ?

Commentaire 2024

La base de ma recherche est posée en trois mots-clés. Les premiers qui me viennent. Dans la suite du texte, je développe, je précise, mais j'ouvre aussi de nouvelles pistes. Les premiers mots-clés sont vraiment inspirés de *Littoral*. J'avais fait la même chose pour *We Are Family*. Ceci raconte que j'ai inscrit ou repéré des éléments m'aidant à activer mon processus créatif : partir d'une œuvre existante, la disséquer, l'analyser, l'intégrer pour en ressortir la substantifique moelle. Ce noyau deviendra la base d'une nouvelle création n'ayant plus rien à voir avec la source d'inspiration.

Par la suite, j'ai abandonné ce mode opératoire, étant plus autonome dans ma création artistique.

Retour aux notes de 2018

- Superposition de divers niveaux de réalité, de temporalité.

- S'enchaîne comme dans un rêve.

- « LITTORAL » de Wajdi Mouawad.

- Quelque chose de fluide. De profond. In et out dans le processus. Je me raconte et la scène se place autour. Un peu comme dans Mythomanie ?

Commentaire 2024

On voit ici le premier niveau d'intuition. L'idée d'un spectacle Méta qui se joue sur plusieurs niveaux. De cette première idée, je ne vais pas garder l'aspect Méta, mais plutôt une narration onirique où les temporalités se superposent. *Mythomanie* était un spectacle qui proposait déjà des scènes se déroulant dans plusieurs temporalités et parfois dans un rêve.

Je parle aussi de quelque chose de fluide. Depuis toujours, j'aime travailler sur des sortes de plans séquences. Je prête toujours énormément d'attention à mes transitions de scènes. J'aime les fondus enchaînés. Je déteste que l'on coupe les lumières pour finir les scènes, je trouve ça paresseux. Je crois qu'il y a toujours mieux à faire, comme, superposer la fin d'une scène avec le début d'une autre...

Retour aux notes de 2018

- Scènes oniriques. Psy ? Partir de son vrai père ?
- Rejouer la mort de mon propre père ?
- « Je marche sur les traces de mon père ».

Commentaire 2024

Je répète les choses, même à l'écrit. Comme pour attraper l'idée. Je pense que ma question psychanalytique de l'époque est assez évidente… À ce moment-là, je me questionne sur le propos, alors que, dans la première partie, je suis davantage dans une recherche formelle. Chez moi, elles sont toujours indissociables. Par exemple, je ne peux m'empêcher de faire de la mise en page en même temps que je rédige. Je sais que c'est moins efficace, mais je n'arrive pas à faire autrement. Je continue toujours de chercher une écriture sur plusieurs niveaux simultanés, comme dans *We Are Family*. J'essaie de manière obsessionnelle de mêler le conscient et l'inconscient.

Retour aux notes de 2018

- Écrire une trame ?
- Aller-retour dans le temps.

Commentaire 2024

Retour à la forme. Je précise le procédé. La volonté d'une trame va perdurer comme l'idée des allers-retours dans le temps. Mais à ce moment-là, je n'en suis pas sûr. D'ailleurs, en labo, je vais partir aussi sur d'autres pistes.

Retour aux notes de 2018

- C'est peut-être entre « Littoral » de Mouawad, et Mythomanie…
- Je crois que ça va s'appeler *FATHER*.

Commentaire 2024

Je me souviens que ce premier jet est pensé à la base comme un solo que je vais jouer. Les circonstances de la création vont changer ce projet et je crois que je n'avais pas encore retrouvé complètement goût au jeu. Je m'étais lancé sur cette idée, car j'avais besoin d'un projet perso, à mener seul. Ce qui est toujours quelque chose de compliqué pour moi. À ce moment-là, j'étais à la fois excité par ce nouveau projet, tout en étant incapable de trouver le courage de le faire aboutir.

Retour aux notes de 2018

- Enquête intime sur « Je marche sur les traces de mon père »

- Un spectacle psy où les scènes sont liées par le narrateur. Un peu comme dans *Mythomanie*. Partir de sa matière personnelle transformée comme dans *Memori* et suivre une enquête intime, fantasmée par les autres comédiens… J'en suis là… Je ne sais pas encore s'il y aura une trame.

Commentaire 2024

Je répète. Je synthétise. En reformulant, ça me donne de nouvelles idées et ça me rassure. J'ai l'impression d'avancer. Au moment où j'écris ces notes, je ne sais pas si j'irai au bout du projet. La création autonome me demande beaucoup d'efforts. Je dois énormément prendre sur moi pour me mettre au travail seul. Le regard des partenaires et leurs attentes me donnent un cadre et une responsabilité qui me stressent et, en même temps, me stimulent. Ils deviennent les garants de mon projet et m'obligent implicitement à aller au bout. Les idées font leur chemin…

Je travaille cette année sur des scènes où le narrateur entre et s'extrait des scènes, où il sort et incarne l'histoire en même temps. Ces recherches font partie de mes obsessions : comment être partout à la fois ? C'est une des bases de la Méta.

Retour aux notes de 2018

- Je réfléchis à la place du narrateur. J'aime que les personnages s'expriment et soient en même temps à l'intérieur et à l'extérieur de leurs souvenirs. Cela crée une sorte de réalité onirique. Le souvenir n'existe jamais vraiment. Il est modifié en permanence par notre subjectivité. Ainsi, tous les personnages sont IN et OUT.

Commentaire 2024

J'analyse le procédé, je le synthétise pour n'en extraire finalement que son ADN, seulement ce qui m'intéresse. Ici, je m'inspire d'une idée de l'œuvre originale, comme une matière brute. Je la passe dans un alambic, puis au microscope. Quand j'ai compris comment ça marche, je vais m'en servir de base pour mes expériences. Ce qui donnera un tout nouvel objet, très différent de la source.

Au fur et à mesure que j'avançais dans l'écriture, j'avais de plus en plus de mal à me mettre au travail. J'exprimais alors à Marie la difficulté de créer un solo et le besoin de développer une nouvelle matière. Marie m'a alors proposé de dégager un temps de travail et de se mettre au plateau avec Joe Fuego afin que j'aie un temps de recherche.

À ce moment, je ne voulais pas créer de spectacle, ou plutôt je n'osais pas le faire. Je voulais juste expérimenter des choses. Nous avions déjà plusieurs spectacles qui me tenaient à cœur dans la compagnie et je ne voulais pas me mettre la pression. Puis nous avons commencé les résidences.

J'arrivais chaque session avec de nouveaux exercices, des principes toujours très compliqués à jouer, souvent basés sur la dissociation.

Retour aux notes de 2018

- Première session avec Marie et Joe

- Travail sur le *GHOST* / Folie

- Titre = Ghost ?

Commentaire 2024

J'ai déjà changé mon fusil d'épaule. Je pars sur un travail autour des fantômes. Les fantômes du passé. J'ai laissé la quête du père et *Littoral* de côté. Je vais explorer une nouvelle voie. En parallèle, nous avions mené notre premier Labo auprès d'improvisateurs pros. Des improvisateurs et improvisatrices de toute la France, que nous avions rencontrés pour la plupart dans des festivals d'impro. Ce labo avait pour thème : la folie. Cette thématique sera sous-jacente au spectacle. Les influences vont d'ailleurs se décaler petit à petit. On sera, en fin de compte, davantage sur un spectacle, entre « Le 6e sens » de Shyamalan, « Les choses de la vie » de Claude Sautet et « Inception » de Christopher Nolan.

Retour aux notes de 2018

- L'effet poupées russes

- Combien de personnages / s'enfoncer dans des strates

- Créer des espaces pour jouer des personnages différents.

- 1 commence monologue

- 2 entre dans sa scène

- 1 commence une autre scène en s'adressant à 1, Etc. Jusqu'où ?

Commentaire 2024

J'ai tout de suite trouvé le principe du spectacle grâce à cet exercice. Marie et Fuego commençaient une scène à deux. Puis l'un des deux quittait la scène, s'installait dans un nouvel espace et lançait une nouvelle impro pendant que l'autre continuait la sienne, seul, avec le *ghost*[11] de l'autre, c'est-à-dire, l'empreinte qu'il a laissée dans la scène. Celui qui quittait, lançait une nouvelle scène et s'adressait à l'autre personnage, qui, lui, évoluait dans sa propre réalité, à continuer de jouer sa scène avec le ghost de l'autre acteur ou actrice.

Cela donnait un effet très fort qui racontait à la fois le souvenir et l'absence. Comme Marie proposait toujours de nouvelles scènes, j'ai fixé le principe : Fuego resterait à jouer avec les empreintes *de* Marie, et la rejoindrait dans les scènes qu'elle allait proposer. Le protocole était toujours le même. Il restait maintenant à complexifier, à définir la dramaturgie et préciser le propos.

Session 5 (28 décembre 2018) – être hanté. Le rapport à l'espace

Retour aux notes de 2018

- Toujours être hantés par les fantômes de notre passé

---

[11] **Ghost** : en improvisation, personnage invisible incarné par un joueur, avec lequel les autres interagissent comme s'il était réel.

- La dernière fois, la scénographie a permis de trouver des repères. Garder cette scénographie.

- Travailler sur les enchaînements de l'espace 1 à 2.

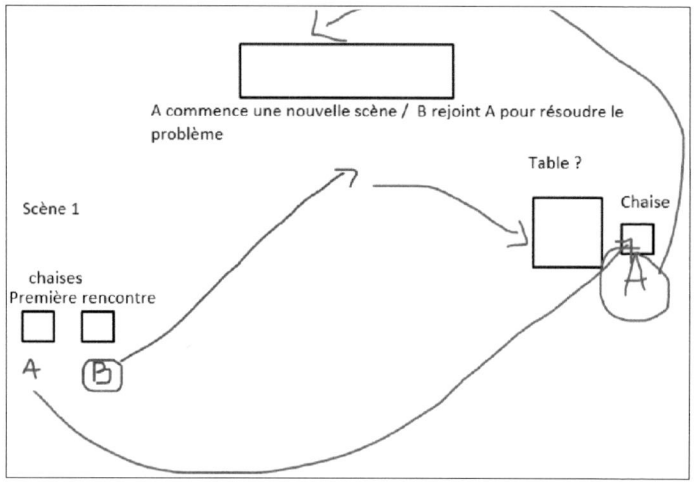

Commentaire 2024

Pour fixer le procédé et avoir des repères, j'ai défini trois zones de jeu. Marie et Fuego se déplacent dans un circuit, dans le sens inverse des aiguilles d'une montre. S'agissant d'un spectacle improvisé, sur trame et mise en scène, il est nécessaire à un moment de simplifier et de styliser le principe pour pouvoir le faire évoluer ensuite. Il est déjà très compliqué, alors il faut y ajouter des repères clairs pour les acteurs, mais aussi pour le public.

Début – Une scène de rencontre

Retour aux notes de 2018

- Téléphone / Fuego répond. Le coup de fil amène vers la première rencontre.

- Transition : une scène de vie du couple. Mêmes personnages.

- Téléphone vers une autre époque.

- Déplacement, la scène continue.

Commentaire 2024

À ce moment, j'ai ma première scène. Marie et Fuego jouent une première rencontre, Fuego doit charmer Marie. C'est la scène inaugurale. Pour clore cette scène, Fuego reçoit un coup de téléphone. Il se déplace vers le deuxième espace pour répondre. Ce déplacement lui permet d'entrer dans la scène suivante. C'est le premier fondu enchaîné. Ce que j'adore dans ce moment, c'est que Fuego répond à Marie dans le futur. Elle l'appelle pour résoudre un problème domestique idiot, que Fuego devait régler. Fuego atteint l'espace 2, qui à ce moment, devient une cuisine. Marie commence à répondre à partir de l'espace 1, et entre dans l'espace-temps de Fuego dans l'espace 2. Puis elle se déplace vers l'espace 3. Fuego raccroche et continue sa scène dans l'espace 2. Puis

Marie lance une nouvelle scène festive dans l'espace 3, Fuego la rejoint dans ce nouvel espace-temps.

Le principe est acté. C'est un spectacle sur le couple. J'ai un temps essayé avec des personnages variés et périphériques à l'histoire, j'ai vite abandonné cette idée. C'était confus et anecdotique. Cela rendait la narration trop complexe. Ici, la narration étant explosée et toutes les scènes devaient raconter la vie du couple, Marie et Fuego n'ont pas à se rappeler des éléments narratifs des autres scènes. Ils n'ont qu'à sauter d'une scène à l'autre. Ceci développe l'impression que Marie échappe sans arrêt à Fuego. Comme s'il courait après ses souvenirs.

Ainsi, tout se met en place. Le mystère s'installe. La partie ésotérique existe désormais dans le spectacle et va d'elle-même m'amener au propos du spectacle et à la fin. Il s'agit à nouveau d'un spectacle sur l'absence, le deuil, la séparation du couple. À ce moment-là, je n'ai pas encore écrit la fin, mais, comme Fuego installe le fait qu'il joue avec le fantôme de Marie, et qu'elle ne cesse de le quitter pour aller jouer de nouvelles scènes, tout se superpose : la forme et le fond. La mise en scène et le propos. L'acteur et le personnage. Comme j'ai trouvé ce que je cherchais la séance précédente, je vais continuer de chercher sur cette base. Les acteurs ont joué trois situations et sont revenus à leur point de départ. Je décide de relancer un nouveau tour.

Retour aux notes de 2018

- Fuego jouant avec le *ghost* de Marie après son départ et reconvoque toujours des souvenirs pour ne pas être seul.

- La trame : Être hanté par une rupture.

- Par les fantômes de son passé.

- La solitude qui rend fou. Est-il seul ?

- Vie de couple

Commentaire 2024

Ce sont mes notes pour le premier jet de la trame. Ça ne bougera pas trop. Je trouverai le troisième tour un peu plus tard et s'imposera comme une évidence. Le principe des poupées russes est en fait dans l'écriture globale du spectacle. Tout contient tout. La forme raconte en elle-même le fond du spectacle. Elle en est indissociable. Le texte ne raconte pas le fond. C'est la forme et la dramaturgie qui en sont garants. Le texte apporte la profondeur des personnages et l'universalité de la relation amoureuse : « Les histoires d'amour finissent mal, en général ». C'est pareil pour *Parallèle.S*. Les mille histoires de Marie et Fuego finissent toujours mal. Mais le présent et le passé rappellent aussi le meilleur de la relation.

On joue alors sur deux niveaux de jeu, en plus des deux niveaux de temporalité (passé-présent). Le fait que Fuego (l'acteur) joue avec le *ghost* de Marie (l'actrice) et la rattrape dans une nouvelle impro raconte que le personnage de Fuego est enfermé dans le passé et parle seul à quelqu'un qui n'est plus là. Le procédé va accélérer sur la fin pour expliciter le propos présent depuis le début.

Sur la fin de la création, lorsque le spectacle devient très clair pour moi, je rajoute des indices au tout début. Pour faire comprendre que Fuego est seul, il commence à parler seul, à côté d'une chaise vide. Comme dans *We Are Family*, Marie apparaît dans l'obscurité et le rejoint. Encore une fois, elle est invoquée par la parole de son partenaire. Elle rejoue *la Morte*, mais cette fois de manière symbolique. Je me demande quelle figure je continue d'invoquer inconsciemment au travers de Marie dans mes spectacles... Peut-être mon père ? Ce qui réintégrerait l'idée première du spectacle avec *Father* ? Cette idée m'intéresse, car je travaille très souvent sur l'inversion des personnages et sur le fait qu'ils se complètent. Comme pour moi, Fuego représente inconsciemment une figure paternelle, cela aurait du sens.

Fuego est le personnage principal, c'est lui que l'on suit. Même si Marie amorce chaque nouvelle scène dans un nouvel espace, Fuego est le seul à ne jamais disparaître. Marie ne joue jamais avec son ghost. Lorsqu'elle est dans une autre scène, elle s'adresse toujours à lui directement.

Quand Fuego entame son troisième tour, Marie ne revient plus jouer avec lui. Il continue seul à jouer avec son *ghost*. Son cercle de déplacement devient de plus en plus petit pour former une spirale concentrique. À la fin, il n'a plus besoin de se déplacer pour revivre ses souvenirs. Ce sont eux qui viennent à lui. Fuego finit seul sur un monologue à appeler Marie. Il ne dit plus que son prénom.

Je souhaite revenir rapidement sur deux notions que j'abordais précédemment : empiler les sens et l'ésotérisme. Ici, pour moi, tout fait sens. Il s'agit d'un spectacle sur le deuil, la mémoire, l'obsession du passé perdu. Par exemple, jouer dans le sens inverse des aiguilles d'une montre, pour moi, raconte que l'on remonte le temps. Lors des phases de transition, lorsque Marie quitte Fuego pour démarrer une nouvelle scène, cela symbolise plusieurs choses. Tout d'abord Marie passe son temps à le quitter et lui à essayer de la rejoindre. Ensuite, le fait de jouer avec son ghost alors qu'elle est partie explicite le fait qu'il est hanté et peut-être fou, puisqu'il joue seul avec quelqu'un qui n'est plus là. Au-delà de la narration, la forme elle-même est au service du propos. La technique de jeu improvisé, la structure, tout est interdépendant.

Au début, cette écriture est intuitive. Je ne me rends pas toujours compte de cet empilement. Mais à un moment, tout se connecte et je renforce mes intuitions par la mise en scène ou l'écriture. Les deux niveaux seront toujours présents durant toutes les étapes de travail, car je ne supporte pas que les scènes soient seulement illustratives. Elles doivent être conceptuelles. Tout doit être dans tout.

En relisant mes notes, je me rends bien compte que je travaille toujours de la même façon et que mes thématiques ou mes obsessions de mise en scène reviennent en permanence. Comme pour *We Are Family*, le spectacle est composé de trois parties de trois scènes. Il parle aussi de l'absence, Marie y joue à nouveau un fantôme. Je trouve intéressant de voir, comme parfois, un questionnement technique sur l'improvisation, ici, jouer dans deux réalités en même temps, peut développer une création complexe et profonde.

J'ai, en 2024, retravaillé sur un spectacle qui parle de la famille (We Are Family), lors d'une réunion de famille (Le Banquet). Pendant cette fête d'anniversaire (The Party), chacun va revivre des moments de son passé, mettant en lumière ses propres enjeux. Les scènes du passé s'imbriquent avec le présent, rendant parfois invisibles les frontières entre le réel et le fantasme (Parallèle.S). Je voulais travailler sur l'écriture onirique... Je suis parti sur la famille... Puis j'ai tout rassemblé. Rien ne se perd, rien ne se crée...

LA META IMPROVISATION

Les trois niveaux de la Méta et plus

La Méta est une façon d'improviser sur plusieurs niveaux de jeu – De JE. C'est à la fois une technique, un langage, une forme artistique entre performance et théâtre. C'est une conscience ouverte sur la totalité des aspects du jeu et un dialogue entre ces différents niveaux. J'ai découvert la Méta par accident, en 2015, pendant le spectacle « 2 » avec Julien Gigault, comme on trouve une mine d'or. Depuis, avec Marie, nous explorons ce nouveau territoire, découvrant sans cesse de nouvelles pépites. Cette métaphore filée passée, voici, ce qu'est pour nous, la base du jeu Méta.

Le premier niveau

La *Personne* est la base, le propos, l'universel, l'émotion. Quelle part de moi est-ce que j'accepte d'investir dans la scène ? Qu'est-ce que je choisis de dire de mon histoire, de ce que je ressens, de mes pensées, de mon intime ?

Le deuxième niveau

L'Acteur crée la forme, la fiction. Il donne la dimension artistique et relie tous les niveaux. C'est le metteur en scène. C'est la conscience du jeu. Comment je joue ? Comment l'improvisation est-elle jouée ? Comment est-elle mise en scène ? Quels procédés techniques utilise-t-elle et quels outils scéniques ou dramaturgiques vais-je mettre en place pour créer une fiction ? Il explicite et met à nu le processus créatif.

Le troisième niveau

Le personnage. C'est le niveau narratif. La fiction. C'est celui qui est le plus courant dans le jeu. Le plus explicite. Celui vers lequel on tend quand on joue. C'est la synthèse des deux autres niveaux. C'est la tension vers l'art. La forme. *Le voile de pudeur, la nécessité.* Pour résumer, je dirais que **la Personne est la matière**, **l'Acteur est le moyen** (il peut aussi prendre une part de la narration, et créer la distance, la mise en abyme, la complexité), le *Personnage* **est le résultat**. Il devient la somme de ce qui a été établi. Cet empilement de niveaux est la naissance du *JE(U) fictionnel*. Un avatar de soi. Un personnage qui nous ressemble, qui porte une part de nous. Les niveaux Méta (Personne, Acteur, Personnage) n'ont d'intérêt que lorsqu'ils servent une fiction. La Méta n'est pas un psychodrame ou une psychanalyse en direct. Sans la mise en forme, la Méta devient une matière impudique assez peu intéressante. Les différents niveaux doivent être connectés entre eux. Ils doivent interagir, trouver une fluidité. Ces niveaux sont concrets. Ils sont la matière du jeu, un sujet en eux-mêmes.

Malgré son apparente proximité, du fait de son utilisation régulière en cabotinage, le niveau *Acteur* est peu utilisé par les comédiens qui travaillent avec nous. Même le début du spectacle « *2* », qui s'appuie sur la première réplique : « *Tu as commencé à jouer ?* » est généralement survolée alors que c'est un point d'ancrage crucial à la compréhension de la Méta. Être capable de dire en *streaming* ce que l'on est en train de fabriquer sur scène et d'en faire une matière artistique à part entière participe au renversement du spectateur. C'est la mise à nu du processus créatif qui rend l'expérience puissante et l'empathie plus forte. Le défi pour la mise en lumière de ce niveau est de ne pas se contenter d'une démonstration pédagogique ni d'être simplement dans le commentaire. Il s'agit de faire en sorte que le texte Méta devienne une partie nécessaire à la fiction : le ciseler, le rendre intéressant au-delà de ce qu'il explique. Le niveau *Acteur* est nécessaire à la mise en place du jeu, mais est aussi en lui-même un espace de fiction. Il est concret et fictionnel.

Le niveau PERSONNE est quant à lui nécessaire à la profondeur et à l'universalité du propos. Il rend le spectateur actif en l'obligeant à essayer de démêler le vrai du faux. La sincérité est plus importante que la véracité du récit. Raconter une histoire vraie n'est pas artistique et souvent impudique. Il est plus intéressant de se servir d'un fait personnel et de le traiter, de réinjecter de la fiction, de la mise en scène pour créer une forme autonome qui dépasse la référence.

La véracité sera alors cachée et rendra le public actif. C'est la fiction qui l'anime, car, dans le fond, notre histoire personnelle ne l'intéresse pas. Le spectateur a besoin d'un espace vide à combler afin de pouvoir se projeter dans notre récit et s'identifier à notre expérience personnelle. Qui plus est, il doit être en mesure de voir l'acteur ou l'actrice travailler. S'il n'y a pas de fiction, il n'y a pas de transformation.

La place du spectateur

Tout comme la Méta comporte trois niveaux, elle fonctionne de manière triangulaire avec le public : la personne – La Méta – Le Spectateur. La Méta est un prisme reliant le spectateur à la scène et aux interprètes. Celle-ci utilise la relation empathique des spectateurs envers les improvisateurs et improvisatrices. C'est en partie le rapport au danger et à la fascination qu'il exerce, tout en étant sûr que rien ne va arriver de grave, car nous sommes ensemble dans un espace concret de spectacle et de fiction.

Puisque la Méta rappelle toujours son ancrage au réel par le fait de mettre à nu le processus créatif grâce au niveau ACTEUR, alors, le spectateur peut libérer une part de lui-même et accepter de creer un lien sécurisé avec le spectacle. À la manière du cinéma, comme on sait que tout est faux, car toutes les scènes sont jouées devant une caméra par des acteurs qui ont leur nom au générique... Alors, le spectateur est libre d'accepter de croire que tout est vrai (puisqu'il sait que tout est faux). Ainsi, pour résumer, le niveau ACTEUR permet au spectateur d'établir un lien de confiance et de s'abandonner à la fiction. La Méta est un espace d'honnêteté du comédien imbriqué dans le mensonge de la fiction.

Contrairement à la catharsis classique, telle qu'Aristote l'a définie comme une purgation des passions par la peur et la pitié, ce que la Méta cherche à déclencher n'est pas un soulagement émotionnel, mais une mise en vibration. Le spectateur n'est pas englouti dans la fiction, il y entre en conscience. Là où la catharsis agit à travers une illusion totale, la Méta assume le mensonge tout en révélant les mécanismes du jeu. Elle ouvre ainsi une zone de résonance intime, une transaction sensible où chacun peut se reconnaître sans se perdre, être touché sans être débordé. Le spectateur n'est plus passif ; il devient complice, témoin, et parfois porteur du même trouble que l'interprète. Ainsi, cet espace permet une transaction intime entre le spectateur et le spectacle.

De la même manière que pour le niveau ACTEUR, il est intéressant de jouer la PERSONNE sur deux niveaux : inventer autant que dire la vérité. D'ailleurs, nous savons que nos souvenirs portent en eux un certain nombre d'inventions et qu'à partir du moment où on les raconte sur scène, ils deviennent des fictions. Nos souvenirs ne servent que de miroirs et plongent les spectateurs dans leur propre histoire. Nous transformerons ce niveau en fiction en revisitant, en cachant, en mentant, en réinventant et en faisant des personnes de notre histoire propre, des personnages de fiction.

Les 2 autres niveaux (invisibles) de la Méta

Le joueur

Ainsi, les trois niveaux de la Méta dépendent d'un autre niveau qui est *LE JOUEUR*. Comment est-ce que je joue Méta ? C'est la notion du ludique, mais aussi de l'identité, de l'auteur, de l'artiste. Comment est-ce que je crée ? Le joueur a pour vocation de jouer avec les règles, de les intégrer pour les utiliser de manière personnelle, comme il lui convient. Elles sont une aide, un langage qu'il faut maîtriser pour s'en libérer. Chaque acteur doit trouver sa façon personnelle de jouer Méta, tout en respectant le langage initial. Car le but n'est pas la Méta, mais l'œuvre.

La Créature

Au fur et à mesure des représentations, le joueur donne naissance à une *Créature*. Une part de lui fictionnelle, entre réel et fiction que les spectateurs viennent retrouver. Ce qu'ils imaginent de nous au travers des trois niveaux. C'est ce qui nous rend familiers. Ainsi, la créature est la somme des personnages fictionnels que nous créons alors que nous jouons Méta, ainsi que la part personnelle, que les spectateurs projettent sur nous. Une empreinte sensible, une Méta-personne, une transaction, qui s'inscrit pendant la durée du spectacle, voire, entre plusieurs spectacles.

Exégèse du dogme de Méta

Avec Marie, nous travaillons, explorons et interrogeons la matière Méta depuis les débuts de la Morsure. À partir de cette première base conceptuelle et cette matière théâtrale que j'avais élaborée sous une première forme, nous n'avons eu de cesse de l'enrichir l'un et l'autre en y apportant chacun notre spécificité pour créer un langage propre et commun.

Le dogme du spectacle « Méta 2 » est lu à chaque représentation depuis la toute première fois. Je l'ai écrit pour le premier « 2 » en 2015 et il a très peu modifié depuis. Je ne l'avais jamais explicité auparavant, comme je n'avais jamais utilisé le mot exégèse par le passé. Il semble souvent assez absurde et abscons. Il amuse, mais il est un véritable socle qui explique ce qu'est la Méta. Il annonce que l'on essaie, mais que l'on n'est pas sûr de réussir à le jouer tant il est sur le fil.

Comme souvent à la Morsure, il propose un double langage. Il est très sérieux et premier degré, mais décalé dans la forme. Chaque commandement est une condition et une règle du jeu. En même temps, la forme elle-même est remplie de questions sur le spectacle. Est-on capable de le jouer ? Est-ce un spectacle ? Commence-t-il vraiment ? Il se veut directif, mais incite à la transgression. Il offre une énigme à résoudre et l'ambition d'offrir un moment honnête, voire un défi impossible à réaliser. Ce dogme aborde en filigrane des concepts fondateurs de notre écriture et du jeu Morsure, tels que le *JE fictionnel* ou encore *le voile de pudeur*. Encore une fois, je pense qu'il est très difficile pour le public d'en saisir la profondeur, mais je continue de croire que son côté ésotérique laisse une trace à questionner plus tard, quelque part en soi.

2 n'est pas un duo, 2 est un dogme

Ce n'est pas parce qu'on joue à deux que ça doit être un duo. Cela peut être un duel, deux solos… Ce premier commandement souhaite annoncer au spectateur qu'il s'engage lui-même dans un moment sérieux et absurde à la fois. Jouer Méta, c'est pratiquer et transmettre un message.

Ce premier commandement affirme que, malgré les apparences et la complexité de ce que l'on va proposer, nous respectons un dogme. L'art est quelque chose de sérieux et dangereux. Je souhaitais affirmer une certaine prétention, échapper à la vacuité et prétendre à quelque chose de plus grand.

« 2 » se joue toujours avec 2 acteurs différents.

Si 2 comédiens jouent 2 fois « 2 », ce n'est plus « 2 », c'est « 4 ».

Si on joue « 2 » à 3, ce n'est plus « 2 », c'est « 3 »

Rendre l'instant précieux et unique : unique pour les acteurs et aussi pour les spectateurs. Ce commandement met en lumière le sentiment de perte à la fin d'un spectacle et le célèbre. Ce que nous avons vécu ici est perdu. Bon ou mauvais... *Désormais, on ne nous verra plus ensemble.*

C'est aussi l'assurance de protéger l'acteur de la banalité, de la triche. On ne vient pas voir un duo éprouvé. On vient découvrir une œuvre unique et non reproductible qui n'a pour forme que son langage et la volonté de chacun de tendre vers la création artistique et l'authenticité. Il est indispensable d'essayer d'être à la hauteur de l'enjeu et de fuir la futilité. Nous devons avoir quelque chose à perdre lorsque nous jouons. Je me souviens que, pour rire, nous avions demandé à deux improvisateurs, qui avaient un duo régulier, de ne plus jamais rejouer ensemble après leur « 2 ». Ils nous ont pris au mot et l'on fait (un temps). Leur dernier spectacle a été mémorable. Il s'agit ici de redonner de l'importance à ce que nous faisons sur scène. De retrouver une part de sacré qui existe dans l'art.

« 2 » s'appuie sur le concret du jeu : décors, objets, partenaires, public.

Le temps lui-même est matière au jeu.

Comme tout est vrai. Donc, tout est faux. Tout est matière au jeu. Nous avons l'intime conviction que la mise en abyme et l'acceptation du réel sur scène renforcent l'accès à la fiction. C'est par l'affirmation du fait que nous sommes ici et maintenant, au milieu des spectateurs, dans un bar, sous une lumière crue, à exposer notre personne, le contexte du spectacle, que nous pouvons entraîner avec force le spectateur dans la fiction et une expérience esthétique personnelle. Nous nous devons d'être honnêtes, ne pas tricher et intégrer au mieux ce qui nous entoure.

Pour renforcer cette sensation, nous rappelons sans cesse aux spectateurs que nous jouons un spectacle. C'est aussi pour cette raison que nous n'utilisons aucun artifice, en pleine lumière. Nous ne souhaitons pas créer d'espace propice à la fiction. Nous pensons qu'en renforçant le rapport au réel, en *confusant* les différents niveaux de narration, par des va-et-vient entre les multiples couches fictionnelles, nous renforçons l'immersion et le lien empathique qui existe entre les spectateurs, les acteurs, les personnages et la personne qu'ils imaginent que nous sommes.

Par ailleurs, s'appuyer sur le concret du jeu, c'est aussi s'adapter aux conditions particulières de la représentation. Qu'est-ce que ça signifie vraiment de jouer dans un bar, avec des gens qui font du bruit dans la salle à côté ? Comment cela modifie-t-il notre jeu et comment cela nous contraint-il ? Cela fait partie de l'engagement et de la disponibilité nécessaire dans ce spectacle. Qu'est-ce que cela change de jouer sur un grand ou un petit plateau ? De voir le public ou pas ? Si nous devons intégrer ces notions à notre jeu, c'est pour ne pas les subir, car elles existent, quel que soit le spectacle que l'on propose. Ainsi, ces contraintes deviennent une matière et doivent être explicitées et explorées.

« 2 » dure 1 h 02. On commence quand le réveil indique 0 et on s'arrête à 1 h 02. Avant l'heure, ce n'est pas « 2 ». Après l'heure, ce n'est plus « 2 ».

Mais « 2 » commence-t-il vraiment ?

C'est une des phases que je préfère dans ce spectacle. Le début commence par une négociation et une auto-analyse de son état de jeu. Est-ce qu'on a commencé à jouer ? Comment le savoir alors que nous sommes déjà sur scène, face au public, assis chacun d'un côté de la table ? C'est quoi *l'état de jeu* ? Quelles transformations s'opèrent en nous pour dire que nous devenons *acteurs* ?

J'aime savourer cette peur, car, quand ce sera commencé, ce sera déjà fini. C'est comme un premier baiser. C'est avant, le meilleur. Avant que tout bascule et s'inscrive définitivement. Avant, tout est possible. Allons-nous nous trouver ? Est-ce que ce sera réussi ?

Quand je joue personnellement ce spectacle, j'ai du mal à retenir ce moment, car, lorsqu'on est d'accord sur le fait qu'on a commencé à jouer, on lance le chrono pour 1 h 02. Et il s'arrêtera au bout de cette durée inéluctable.

« 2 » est une mise en abyme du spectacle d'improvisation. Il a pour vocation de mettre à nu les fondamentaux techniques.

Mais quand on joue 2, est-on vraiment en train de jouer ?

Méta est une mise en abyme du spectacle que l'on essaie de jouer. Ce spectacle est improvisé, mais au travers de ce commandement, j'avais le désir de dire que jouer Méta, c'est interroger et revisiter les conventions. On se doit d'inventer. Malgré les apparences, on s'inscrit dans une certaine tradition. La conclusion : « *Mais quand on joue 2, est-on vraiment en train de jouer ?* » reprend la question précédente, mais l'explicite.

Qu'est-ce que l'on convoque, qu'est-ce qui se transforme quand on joue ? Comment se met-on à briller ? À devenir différent ? Je parle parfois d'un état de jeu intermédiaire que je nomme le *sous-jeu*. On sous-joue. On est préoccupé, dans sa tête, à réfléchir ou tétaniser. On voit aussi, dans le sport, des athlètes contre-performer à cause de leur mental, sortir de leur match. Comment faire pour ne pas sous-jouer ? Je pense que tout notre travail, comme pour les sportifs, est d'être entièrement à ce qu'on fait et sur les 3 niveaux. On doit les aligner.

> « 2 » ne se prépare pas. « 2 » se vit au présent. Les comédiens peuvent se retrouver 2 h avant le spectacle, mais ne doivent jamais parler du spectacle.
>
> D'ailleurs, est-ce que « 2 » est un spectacle ?

Cette partie est un peu de l'esbroufe. Dans les premiers « 2 », nous le respections, mais la Méta est devenue un langage, un style de jeu à part entière, alors il est nécessaire de préparer un peu les comédiens et comédiennes qui vont jouer. Il ne s'agit pas ici de transmettre un format de spectacle, mais les rudiments du langage. Les règles du jeu en quelque sorte. On ne se dit pas ce qu'on va faire ou préparer des scènes. On va discuter, passer un moment agréable avec son ou sa partenaire. Malgré tout, dès que l'on connaît la distribution du spectacle, on est tendu vers le moment et on fantasme ce que l'on va y fabriquer.

En revanche : *Est-ce un spectacle* ? Je peux dire que ça dépend un peu des fois. C'est en même temps une performance, un master class et du théâtre... C'est une forme spectaculaire théâtrale avec un public... Donc c'est certainement un spectacle. De plus, venant de la part de

La Morsure, c'est assez drôle de dire qu'on ne doit pas préparer, car nous avons, à nos débuts, été assez décriés pour nos spectacles qui n'étaient pas de *la vraie impro*. D'ailleurs, aujourd'hui, je ne sais toujours pas ce qu'est *la vraie impro*… Peut-être est-ce la Méta ?

« 2 » est personnel.

« 2 » parle des comédiennes et des comédiens qui le jouent, de leur relation.

Si on ne ressort pas de « 2 » comme après une chute dans les escaliers, ce n'est pas « 2 ».

C'est certainement la partie que Marie a le plus nourrie dans la Méta. Cela correspond, je crois, à la façon dont elle aime jouer le niveau *Personne*, raconter des souvenirs et les mettre en scène. Ça m'arrive souvent quand on joue ensemble de rentrer dans ses souvenirs et de jouer des personnages de sa vie propre et vice-versa.

Être personnel, c'est aussi se révéler au travers du jeu. Laisser apparaître notre personne par transparence. Accepter de nous montrer vulnérables et au plus proches de nous. La part de moi que j'exploite est rarement totalement explicite. Je joue toujours des choses personnelles, mais elles ne prendront pas nécessairement la forme d'un récit ou d'un souvenir. J'utiliserai ces éléments comme cadre, décors ou contexte pour construire ma fiction. Tous les éléments de la scène seront personnels, mais je n'expliquerai pas systématiquement que c'est le cas.

En revanche, il y a une supercherie dans la Méta. Malgré les apparences et les 3 niveaux de jeu annoncés (Personne, Acteur, Personnage), tous les niveaux sont fictionnels. Même si on dit la vérité, que l'on raconte un souvenir personnel, tout est théâtre et donc faux. Le simple fait de le raconter, de donner une forme à son récit, de faire des choix crée de la fiction. Le travail de l'*Acteur* Méta est de mettre en scène cette vérité pour qu'elle devienne fiction, sinon elle n'a aucun intérêt et devient une matière encombrante, voire gênante pour les spectateurs.

On se doit de différencier l'honnêteté, de la véracité du récit. La véracité n'a aucune importance et peu vite tourner à la *private joke*. Nous appelons cette notion : *le voile de pudeur*. C'est l'espace entre le réel et la fiction. L'espace *refuge pour le public*. La frontière créée par la forme théâtrale face à l'impudeur. Pour résumer, plus nous travaillons avec notre intimité, plus nous devons développer et affiner notre mise en scène, notre texte, etc. *Le voile de pudeur* cache, mais laisse passer la lumière. Il n'est pas opaque. Il évoque notre intime, livre une part de nous qui doit rester mystérieuse et palpable en même temps. Cette complexité crée une profonde empathie, une catharsis, un lien unique entre les spectateurs et les acteurs.

La chute dans les escaliers, c'est un peu ce que l'on ressent et recherche dans ce travail. S'étourdir pour entrer dans une sorte de transe. Je me suis rendu compte récemment que, lorsque Méta était réussi, le public aussi avait l'impression d'être tombé dans les escaliers. Il sortait hébété du spectacle. Mais cette impression est aussi une mise en garde contre la routine. On doit sortir bouleversé, sinon ce n'est pas « 2 ». C'est qu'on a maîtrisé son spectacle. Il doit nous échapper à un moment. Je dirais que les 40 premières minutes du spectacle doivent nous amener à un *GOLDEN TIME* lors des 20 dernières minutes : un moment de lâcher prise où l'on a l'impression de marcher sur l'eau, où tout va plus vite, tout est plus facile.

« 2 » navigue toujours entre les lignes. Entre la personne, le comédien, la comédienne et le personnage. Entre sincérité et surjeu, entre lâcher prise et hyper conscience.

S'il n'y a pas 2 niveaux de jeu, ce n'est pas « 2 ».

Plus on définit la Méta, plus elle doit être insaisissable. Elle doit rester une matière vivante en mouvement. D'ailleurs je n'arrive pas à choisir entre dire LA Méta ou juste Méta… et le correcteur me propose LE Méta… C'est une matière que chacun doit explorer et s'approprier. Ce langage a des codes, des bases, mais a pour but d'être personnel et au service de l'universel. C'est son aspect paradoxal qui séduit le public et les acteurs. C'est complexe et simple à la fois. Naviguer entre les niveaux, les accumuler, invite l'acteur à être fluide, à toujours complexifier son jeu.

Entre lâcher prise et hyper conscience : le lâcher-prise n'est important que si l'on sait sur quoi on lâche prise. Lâcher la peur est la condition sine qua non pour pouvoir improviser, mais lâcher la conscience est contre-productif. J'en parle à plusieurs moments, mais l'ultra-conscience est, pour moi, le lâcher-prise. Je pense que l'on doit toujours avoir cette vision extérieure sur le jeu. C'est elle qui va nourrir l'ensemble de notre personnage. C'est cette *Vista*[12] qui va permettre de prendre les bonnes décisions pendant une improvisation, qui va offrir l'opportunité de changer de rythme, de créer des ruptures ou de développer son personnage. En même temps, la peur du vide, de l'échec, le désir de contrôle, nuisent à la créativité.

Encore un paradoxe de l'improvisation : alors qu'on vient voir des acteurs improviser, on déteste les voir en difficulté ? Alors qu'est-ce qu'on vient regarder ? Comme pour l'équilibriste : **on ne vient pas le voir tomber, on vient le voir réussir à ne pas tomber.** C'est toute la complexité du jeu improvisé : se déséquilibrer suffisamment pour ne pas être dans une routine ou dans l'illusion d'improviser, mais ne pas s'écrouler. Marcher sur l'eau, mais ne pas se noyer en entraînant le public avec soi.

---

[12] La « vista » fait référence à la vision de jeu ou à l'intelligence de jeu. C'est la capacité d'un joueur à anticiper les mouvements, à lire les situations rapidement, et à prendre des décisions pertinentes en fonction de l'action en cours. Ce terme est souvent utilisé dans des sports collectifs, pour décrire un joueur qui a une excellente compréhension du jeu et qui sait comment utiliser cette perception pour créer des opportunités pour lui-même et ses coéquipiers.

« 2 » se transmet, 2 ne se copie pas. 1 des 2 doit déjà avoir joué « 2 », sinon ce n'est pas « 2 ».

La Méta étant un langage que nous développons depuis des années, ce dogme en est en quelque sorte le copyright. Il nous semble, comme en peinture, nécessaire de pouvoir authentifier la source du spectacle, et ainsi en garantir l'authenticité. D'ailleurs, nous continuons de refuser que des troupes jouent nos spectacles sans que nous leur ayons transmis, et sans être présent à la représentation. Cela changera peut-être, mais nous souhaitons continuer à être garants de l'identité artistique de ce que nous proposons dans la compagnie. Peut-être en attendant que nous soyons prêts à les diffuser comme des « pièces de répertoire » ?

2 est un doigt fièrement tendu vers le ciel

Pour que Méta reste une matière vivante, il faut continuer à transgresser. La Méta c'est la révolte, c'est le mouvement, c'est le PUNK. Le dogme aussi est fait pour être transgressé. Mais est-ce possible ? Et comment le faire ? À la fois ésotérique et concret, tel un objectif inatteignable, le dogme de « 2 » reste immuable. C'est une balise que nous aimerions atteindre, mais nous n'y parvenons pas. Étant un dogme conceptuel et non formel, il reste fidèle à notre volonté de viser l'excellence de l'instant sans certainement y parvenir un jour.

Le voile de pudeur

Depuis que nous rejouons régulièrement Méta, Marie et moi avons pris l'habitude d'inviter des personnes actrices, non-improvisatrices, peu ou pas, formées à la Méta, mais ayant un univers artistique fort. Je crois que nous faisons ça pour nous challenger et aussi parce que les personnes formées, jouant avec nous, interrogent finalement moins cette technique que des personnes néophytes. C'est ainsi que nous avons choisi de jouer avec Aurélien un « 2,5 ». Il s'agit d'une variante du spectacle Méta 2 qui se joue à trois acteurs, pendant 1 h 02. L'un des trois acteurs joue toute la durée du spectacle, et les deux autres se partageront le reste du temps, à tour de rôle pour enfin finir tous ensemble.

Pour contextualiser, Aurélien est un acteur, improvisateur amateur éclairé. C'est un artiste qui adore l'art contemporain, la performance, les propositions radicales. Tout comme moi, il aime bousculer les codes, il a une certaine assise technique, mais pas d'habitudes de jeu ancrées. Il est donc un partenaire parfait pour moi.

Travailler avec lui a posé une question centrale sur la part personnelle que l'on peut et doit mettre dans la Méta. Elle interroge surtout sur le traitement que l'on doit apporter à l'intime sur scène. Dans la Méta, tous les niveaux sont fictionnels. Il existe un personnage *Acteur* et un personnage *Personne*. À partir du moment où l'on joue Méta, on est tendu vers la création d'une forme. Cette forme nous protège nous et le public. C'est cette forme qui nous permet de tendre vers la création artistique. La mise à nu du processus créatif fait partie du spectacle, mais elle a pour but d'offrir une expérience artistique complexe au spectateur.

Le niveau *Personne* peut souvent sembler déconcertant et prêter à confusion. Je pense que l'on peut partager toute la matière personnelle que l'on souhaite, si elle devient matière au jeu. L'intime doit devenir fiction, car finalement, qui nous sommes, n'intéresse que très peu le public. L'impudeur est simplement gênante. Par contre, mettre de soi, de son histoire personnelle dans la fiction, entre la vérité et le mensonge donne une puissance et une relation unique avec le spectateur. Il devient actif, complice et non victime de notre impudeur. Ainsi, toute matière est bonne, mais n'a sa place sur scène que pour être transformée. Nous appelons cette notion en Méta : *le voile de pudeur*. Paradoxalement, c'est ce voile de pudeur qui va permettre aux spectateurs d'avoir envie de découvrir notre personne, car le voile servira d'intermédiaire, et permettra l'empathie.

Donc, Aurélien, au début du spectacle, m'a semblé impudique et m'a mis mal à l'aise. Il avait un groupe d'amis dans la salle à qui il a adressé son texte directement en les regardant. Il leur a annoncé qu'il avait appris, très récemment, la mort d'un de leurs amis proches. Cette annonce a créé un choc dans la salle, un malaise palpable. Dans sa radicalité, et la volonté de rendre le moment unique, Aurélien a livré aux spectateurs des éléments intimes sans forcément les traiter. Comment enchaîner après cela ? Le problème n'était pas la nature de l'annonce, ni même que l'on pense qu'elle soit vraie, car moi-même j'y ai cru. Il aurait pu me mettre en difficulté. Mais jouer Méta est pour moi un espace de création et de travail. J'aime découvrir de nouvelles matières et avoir des problèmes à résoudre. Je n'en voulais pas à Aurélien. Je trouvais ça passionnant de devoir gérer tout cela, car, personnellement, je n'aime pas forcément livrer une matière brute. J'étais déstabilisé. Je voulais créer un voile de pudeur entre le public et la scène. J'étais très conscient de ce qu'il se passait.

Instinctivement, j'ai travaillé sur le soulagement comique. J'apportais un peu de légèreté dans les propositions en amenant du décalage. Mais ça ne suffisait pas. Il ne fallait surtout pas dévaloriser la matière qu'il avait apportée. Ça peut être un réflexe de protection pour démotiver et neutraliser la source des problèmes. Mais dans le cas présent, c'est justement le problème posé qui était intéressant. Il fallait faire plusieurs choses : créer une forme, jouer avec cette tension, rassurer Aurélien, accepter ses propositions tout en les intégrant à la forme que j'essayais de créer. Je cherchais à développer un espace profond, violent, drôle et absurde.

Aurélien était définitivement là pour en découdre. Il voulait continuer d'explorer notre intimité. Il me provoquait. Il a voulu que l'on parle de nos pères décédés. Mais pour moi, ça n'a pas d'intérêt en soi. D'ailleurs, l'âge avançant, ça devient de moins en moins original d'avoir un père décédé. C'est une réflexion qui m'est venue pendant le jeu. Donc, avec tout ça, il faut créer du théâtre et utiliser la matière existante sans tomber dans le pathos.

J'aime l'état de jeu dans lequel cette insécurité m'a mise. Je me suis senti très inspiré. J'ai travaillé sur une forme décalée. J'ai joué son père, qui montait seul un escalier sans fin, pendant que lui poursuivait son monologue. Je donnais un décompte des marches tout en montant. Ce décompte a amené une tension dramatique assez forte. Que se passera-t-il lorsque je le rejoindrai en haut des escaliers et que mon décompte arrivera à 0 ? Je ne le savais pas vraiment au moment où je commençais, mais je trouvais la forme intéressante.

Quand je suis arrivé en haut des marches, je l'ai vu enfant. Mais cet enfant c'était aussi secrètement moi. Je lui ai dit que j'allais le mettre au lit. Un père saoul et aimant. Une projection de ma propre histoire d'un souvenir ressurgit, mais transposé, caché. J'ai porté Aurélien adulte, je me suis porté, moi l'enfant, moi l'adulte, et je l'ai mis au lit en l'embrassant. Aurélien m'a dit : « Tu viens me réveiller demain, papa ? ». J'ai répondu : « Ça ne sera pas possible, je n'aime pas mourir tard. » Blague sensible. Être à plusieurs endroits. Je pense que ce moment a mené Aurélien à la Méta. Pour finir, j'ai accepté sa proposition. Nous avons parlé de nos pères morts. Mais le traitement de la fiction nous a permis de partager cette expérience avec le public et la rendre universelle.

Ce qui est drôle dans cette histoire, c'est qu'à la fin du spectacle, Aurélien m'a dit que son ami n'était pas décédé. Qu'il avait tout inventé ! Encore une fois, ce n'était pas la véracité du récit qui était importante, c'est le fait que nous l'ayons tous cru. Alors, qu'est-ce qui était impudique ? L'annonce étant fausse, ça ne l'était pas. C'est l'absence de traitement de cette information qui a rendu le moment gênant, car nous n'avions aucune raison de penser que c'était faux et cela ne nous regardait pas. Nous nous sommes retrouvés prisonniers de cette annonce, impuissants, ne sachant pas quoi en faire. Mais sans cette annonce, sans la volonté d'Aurélien d'investir puissamment le moment, de questionner cette matière, nous n'aurions pas pu élever notre niveau de jeu.

Le temps du spectacle est aussi un temps de travail et de prise de risques. Méta est un moment de découverte de son ou sa partenaire sur plusieurs niveaux. Quel artiste est-il ? Quelle personne ? Comment aime-t-il jouer ? Quel chemin allons-nous emprunter pour nous raconter ? Méta a pour but de partager une expérience intime et artistique avec le public. C'est pour cette raison qu'on ne peut le limiter à une technique. C'est plus profond que ça. C'est une expérience.

Jouer Méta explicite son propre processus pour renforcer le lien empathique avec les spectateurs, mais aussi avec son partenaire. Il pousse l'acteur à être honnête et à accepter de perdre, montrer sa vulnérabilité. Le public peut nous voler des moments qui nous échappent, mais on ne doit pas le brutaliser en étant impudique.

L'impudeur se caractérise finalement par le fait de vouloir jouer avec les émotions du public sans lui laisser la possibilité de s'en sortir. Une prise en otage que seules la fiction, la mise en scène, la création artistique libéreront. Tout le monde peut dire quelque chose de gênant sur scène, mais transformer cette gêne en art est plus difficile.

L'écoute Méta

Avant d'aborder la notion *d'écoute Méta*, il me semble intéressant de refaire un point sur ce qu'est *l'écoute* à proprement parler. *L'écoute* est certainement la qualité la plus fondamentale et, je crois, la plus souvent incomprise. C'est une action volontaire qui se différencie d'entendre qui est une action passive. Ainsi, comme elle est active, elle peut être travaillée. C'est elle qui ouvre toutes les possibilités et le seul moyen de progresser réellement. Écouter c'est être capable de comprendre et enregistrer ce qui se dit ou se fait sur scène. De prêter attention aux détails, de les assimiler afin de pouvoir les utiliser.

Lorsqu'on improvise, nous sommes souvent préoccupés par l'après ou par notre peur de ne pas y arriver. Cette peur arrive souvent d'un débordement intérieur qui n'est pas entendu ou géré. On est submergé, alors on se coupe de l'autre et on prend le pouvoir en imposant rapidement son idée ou on disparaît. En fait, l'écoute se doit d'être globale. Il est indispensable de connaître son *joueur* ou sa *joueuse* et apprendre à être à l'écoute de soi-même, en même temps que de l'autre et de l'environnement. C'est cet état qui conduit au *Flow*[13]. Sans vouloir paraître ésotérique, être dans une pleine conscience de soi, *de l'ici et du maintenant,* est à mon sens le seul moyen de développer une conscience de l'autre et de ce qui nous entoure. Paradoxalement, c'est aussi le seul moyen d'être entièrement incarné, à ce que l'on fait, tout en étant connecté à l'ensemble des éléments du jeu.

Tout comme il y a plusieurs niveaux de jeu, il y a plusieurs niveaux d'écoute en Méta.

L'écoute de base

- Le plan narratif : Comprendre la situation, les personnages, l'histoire proposée. Ai-je bien compris le contexte ? Quels sont les personnages ? Ne pas faire semblant de comprendre ce que l'autre a dit. Retenir les informations. Faire répéter parfois. Poser des questions pour clarifier. Rester focus sur l'autre.

- Le corps dans l'espace : Où suis-je placé sur la scène ? Et mes partenaires ? Que se passe-t-il derrière moi ? Est-ce le moment de se déplacer ? Est-ce que des accessoires imaginaires ont été

---

[13]La notion de *flow*, conceptualisée par Mihály Csíkszentmihály, se caractérise par une concentration intense, une altération de la perception du temps, et une motivation intrinsèque où l'activité elle-même devient la récompense

placés sur scène ? Est-ce que mes partenaires ont compris ce que j'étais en train de faire ? Est-ce qu'ils ont compris et enregistré mon décor ? S'ils ne l'ont pas compris, comment vais-je leur faire comprendre ?

L'écoute profonde :

- Comprendre la forme : Quels principes d'écriture de texte ou de mise en scène sont possibles ou en train d'être mises en place (consciemment ou inconsciemment).

- Le propos : de quoi sommes-nous **réellement** en train de parler ? Quel est le sous-texte ? L'implicite de la scène ?

    Le *propos* peut être défini comme l'idée principale ou le message central que porte une scène, un spectacle ou une œuvre artistique. C'est ce qui donne du sens à ce qui est montré ou raconté. Dans la Méta, nous chercherons un propos central qui ressort de ce qui a été joué, et nous le déclinerons, nous l'explorerons comme motif obsessionnel à développer. *C'est le Méta-enjeu.*

- Les enjeux : que veut mon personnage et comment vais-je essayer d'atteindre mes objectifs ? Où va cette scène ? En quoi sert-elle le propos ou l'histoire ?

- Qui est mon partenaire : est-ce que je le connais bien ? Comment joue-t-il ? ? Où veut-il en venir ?

L'écoute Méta

- qui est l'autre acteur ? Dans quel genre d'impro suis-je ? Comment la styliser ? Quel est le lien entre l'acteur et le personnage ? Comment est-il possible de transposer la relation entre les acteurs, les personnes et les personnages dans une fiction ? Quels niveaux de jeu sont à l'œuvre ? Comment les articuler ?

L'écoute Méta est une écoute profonde, qui convoque, en plus de l'acteur, la personne et l'auteur. Elle demande de sortir de soi pour se regarder jouer, mais sans se juger. Elle demande d'être à la fois au-dedans et dehors. C'est une écoute qui supervise l'ensemble des autres niveaux d'écoute et utilise les différents éléments techniques, narratifs et d'interprétation afin de les intégrer, les mélanger et les dépasser. C'est le niveau d'écoute le plus difficile à acquérir, car il s'appuie sur une compétence particulièrement compliquée à développer : la dissociation. Comment réussir à être à la fois, complètement incarné, dans le présent, et complètement en dehors, au-dessus, dans l'analyse et la projection ?

Le niveau d'écoute Méta existe déjà dans l'improvisation traditionnelle. En effet, à un très bon niveau de pratique, on doit être au fait de tous les tenants et aboutissants se déroulant sur scène. On doit être capable d'intégrer les éléments *invisibles* à nos improvisations. J'entends, par éléments invisibles, tout ce qui est implicite dans une impro. Mais, contrairement au jeu Méta, on ne l'utilisera qu'au service de la narration.

Le niveau Méta permet de lire entre les lignes et déceler les *Méta-enjeux*. De faire du réel une fiction et jouer sur tous les niveaux en même temps. Il est nécessaire de déceler les enjeux pour chaque niveau. Quel est l'enjeu de mon acteur ? Que veut-il ? Comment joue-t-il ? Qu'est-ce que j'ai créé à ce niveau de jeu ? Cela demande une grande ouverture, une grande implication, du ludique et de la concentration. Ma fille me disait, après un spectacle, que cela lui donnait l'impression d'être omnisciente. Le fait de donner au public la possibilité d'accéder à la pensée des *Personnes* et des *Acteurs*, explicite le processus créatif. C'est en effet vertigineux.

La Méta se veut accessible à l'autre. C'est rendre visible sa pensée, son processus créatif et la partager avec le public et ses partenaires. Ce niveau de conscience d'une scène permet de s'extraire pour décider du traitement tout en incarnant. C'est principalement pour cette raison que l'on travaille sur la dissociation en Méta. La dissociation bouscule les habitudes de jeu tout en développant de nouvelles aptitudes.

Jouer ce que l'on dit enlève une dimension au jeu. Incarner un personnage avec une grande sincérité tout en explicitant le processus créatif permet une profondeur, une dialectique continue entre tous les niveaux. La Méta c'est la pleine conscience injectée dans le mouvement. Si on reste trop dans sa tête, on ne peut pas jouer. Si on joue sans réfléchir, ce n'est pas Méta. Cette façon de jouer demande un déséquilibre. Un saut en avant pour que la machine fonctionne. Pour que ça devienne Méta, il faut que ça se transforme en un objet artistique. Que la vérité et le mensonge soient liés, que ce soit comme une bagarre, un chaos.

Le spectacle Méta est sur le fil du jeu, de l'instant, de la part de soi livrée brute, de la mise en place de la création en direct.

Le socle Méta

Je me rends compte que, pour nos élèves, les socles d'impro narratifs sont souvent assez pauvres. Cela vient du fait, que, depuis leurs débuts, nous les formons à nos propres cadres dramaturgiques. Par notre écriture, nous remettons l'improvisateur à sa place d'acteur et d'auteur à l'intérieur de notre propos. Hélas, ceci a un prix. Pour eux, cela s'avère plus difficile d'improviser librement dans des univers fictionnels personnels. Qui plus est, nous les faisons jouer en Méta et, souvent, la *Méta-fiction* peut sembler obscure. Fictionner sur trois niveaux peut devenir déroutant alors qu'on a déjà du mal à jouer sur un seul niveau.

Le fait de proposer des cadres et des moteurs de jeu aurait, semble-t-il, réduit l'autonomie créative de nos élèves. Ils ont du mal à inventer de nouvelles formes ou de nouveaux récits lorsqu'ils jouent *librement* en Meta.

Je relève deux hypothèses :

- Soit, nous les intimidons et ils ont peur d'assumer leur part d'auteur. Alors que nous pensons avoir développé leur sens de l'écriture et de la mise en scène en les installant dans une écriture contrainte, il est possible que nous ayons inhibé leur auteur.

- Soit, la proposition Méta semble ouvrir un univers de création trop vaste et trop complexe, une exigence trop importante. Ainsi, être capable de jouer sur trois niveaux les oblige à trop réfléchir et les sort du plaisir ludique du jeu.

Je ne cherche pas à me flageller, mais à comprendre ce qui cloche pour tenter de rectifier le tir. Nous ne formons pas à l'impro traditionnelle. Les improvisateurs passant chez nous ne seront donc pas à l'aise sur des formes de spectacles classiques, nécessitant un bagage technique de narration. Pour ma part, je ne supporte plus les impros ancrées dans un imaginaire codifié ou parodique. Les improvisations de genre (SF, western, Shakespeare, etc.) proposent un cadre dramaturgique identifiable, mais qui, faute d'un réel travail de fond, restent souvent superficielles et se limitent à une forme de pastiche ? Cette approche, si elle peut être ludique, laisse peu de place à une véritable exploration narrative.

Je me suis beaucoup intéressé aux catégories de match, afin d'essayer de les transmettre lorsque je jouais des matchs d'impro. J'en ai d'ailleurs analysé un grand nombre sur le site Impro-Bretagne. Je viens de cette impro et j'ai dû m'en approprier les codes narratifs. Cet aspect permet de développer des systèmes et des cadres d'écritures autonomes s'ils sont abordés avec sérieux, si on développe une volonté de s'en affranchir pour trouver son propre modèle d'écriture. Mais pour en revenir à nos élèves, ils n'ont pas reçu cet enseignement et sont donc dépendants de nos schémas… Ce qui pose un problème avec la Méta.

Le socle d'impro classique doit rapidement proposer un cadre de jeu clair pour que l'on puisse jouer. On essaie de répondre aux questions : qui suis-je ? Qui est l'autre ? Quelle est notre relation ? Est-ce que j'attends quelque chose de l'autre ? Qu'est-ce que je veux (enjeux) et que voulons-nous ? Où cela se passe-t-il ? Quand ? Que sommes-nous en train de faire ? Quel est le contexte ?

Pour que le socle fonctionne, il faut être simple et explicite pendant son début d'impro et être complètement ouvert sur l'autre. **Tout ce qui est dit ou fait doit être considéré comme important.** C'est la base. Si notre acteur ou notre personnage s'intéressent peu à l'autre ou à ce qu'il propose, la situation va prendre du temps à se mettre en place et tout va sembler confus ou flottant, indécis. J'insiste sur le fait de s'intéresser vraiment à l'autre et de décider que ce qu'il dit ou fait est important, car cela change absolument tout dans une impro. C'est par cette décision que l'improvisation peut se développer. Si on se contente de survoler la situation, on va vite se retrouver à chercher une problématique à jouer, alors qu'elle est souvent dans la première réplique, qu'on n'a hélas pas valorisée.

De mon côté, je m'attelle, en début d'impro à (sur) charger mes premières répliques afin qu'elles nous permettent d'avancer au plus vite. Par exemple, sur une impro, si ma partenaire commence en me disant : « Tiens ! Te voilà ! ». Première réplique vague, n'apportant aucun élément concret en dehors du fait d'être surprise de me voir. Je pourrais répondre : « Je ne comprends pas, tu m'as écrit lorsque j'étais en prison, que tu te sentais proche de moi. Je sors, je monte dans un taxi. J'arrive chez toi, et tu sembles gênée... ». Dans cette réplique, il y a déjà le contexte, les antécédents de la relation, où nous sommes et une problématique à jouer. C'est une situation que j'ai vraiment installée dans une impro Méta. J'ai aussi utilisé l'embarras de ma partenaire à jouer cette situation, pour justifier l'état de son personnage. On peut remarquer que ma réplique est plutôt longue. Je prends le temps d'installer la situation. Ensuite, libre à l'autre de l'enrichir et de trouver sa place. Il reste un monde à inventer. Je ne contrains pas ma partenaire, je précise un cadre qu'elle n'a pas pris en charge alors qu'elle a donné la première réplique. Je lui permets de développer son personnage et ses enjeux dans la situation que j'impose. Évidemment, il y a d'autres façons de poser un socle solide, de manière plus implicite, mais je pense que de retarder la mise en place des éléments fondateurs de l'impro, empêche les spectateurs de s'engager avec nous.

Encore une fois, c'est souvent la peur qui nous pousse à dire des banalités en début d'impro, plutôt que de prendre le temps de s'investir pleinement dans une situation. Comme dans la vie, si on ne sait pas quoi dire pendant une improvisation, mieux vaut se taire et écouter.

Pour moi, toutes les premières répliques doivent être claires et précises. Le flou et l'indécision n'apportent jamais rien de bon en impro. Ils obligent les spectateurs à faire des efforts inutiles, à essayer de comprendre quelque chose d'involontairement mystérieux, ce que je trouve personnellement désagréable. Quand j'entends « je laisse venir », j'y vois souvent une façon de différer une décision. Ce n'est pas forcément conscient, mais cela traduit, pour moi, une forme d'indécision, qui laisse la responsabilité de la scène en suspens.

Le socle Méta doit répondre aux mêmes questions que le socle traditionnel, mais sur 3 niveaux. On a plus de possibilités, il est donc, de mon point de vue, plus facile de commencer en Méta qu'en fiction. Mais on doit rendre importantes toutes les répliques et tout ce qui existe. Tout ce que l'on dit ou que notre partenaire dit est inscrit. Donc, à ce titre, on doit savoir qui est l'autre et quel *Acteur / Personne / Personnage* nous sommes censés être. Nous devons aussi tenir compte de tous les enjeux liés à chaque niveau.

En fonction de ce qui se joue, je dois décider du niveau de jeu dans lequel je vais évoluer. Commencer par installer un socle fictionnel rend le retour en Méta compliqué, car il n'y aura pas eu de socle Méta créé. Pour ma part, je préfère commencer par les niveaux *Personne* ou *Acteur*. Je trouve que cela permet de développer des enjeux utiles pour la suite. Les niveaux *Acteur* et *Personne* sont des supports pour les narrations. La fiction et la mise en scène sont *le voile de pudeur*. Le niveau fictionnel est celui de la transformation artistique. Il offre un point de vue sur la personne qui est en train de jouer.

Chaque niveau Méta est un niveau fictionnel à explorer en lui-même. Mais c'est rarement le cas. Les improvisateurs aiment revenir à de la fiction classique et utilisent souvent les autres niveaux pour trouver de nouvelles idées leur permettant de se projeter dans le niveau Fiction. Un peu comme si ça leur permettait de générer des thèmes d'impro.

Mais une impro *Personne* démarrant par un sujet autobiographique donne des éléments au socle, qui vont pouvoir être développés de manière fictionnelle et réutilisés plus tard. Ces éléments peuvent permettre de basculer dans une impro où l'on devient l'autre ou un personnage de son anecdote. On peut faire revivre à notre partenaire une scène alternative à sa vie, ouvrir des mondes parallèles. Il peut s'extraire de la scène pour nous rediriger dedans. Il peut injecter des éléments personnels qui serviront à nouveau la fiction. Les niveaux se jouent dans la fluidité et l'accumulation. Chaque élément nouveau complète le tableau final.

Dans les niveaux *Personne* ou *Acteur*, on ne doit surtout pas rester dans les limbes de la discussion psychophilosophique. Lorsque l'impro devient trop abstraite, elle questionne le fond sans donner de forme. Elle devient ennuyeuse, voire impudique. **La Méta étant conceptuelle, la forme est indispensable et le jeu doit être concret**, volontaire et dynamique.

Le Je Fictionnel

Nous appelons JE-FICTIONNEL, une émanation fictionnelle de nous-mêmes. Il s'agit d'un personnage largement inspiré de nous, qui piochera dans nos souvenirs, nos opinions, notre personnalité. Ce personnage est au service de la fiction et agit comme un *voile de pudeur* tendu entre notre intimité et le public. Une fois ce *Je-fictionnel* créé, il est possible de passer de l'un à l'autre, de soi à la fiction.

Tout comme *la Personne fictionnelle*, *l'Acteur fictionnel* est aussi une émanation Méta du *Je-fictionnel*. L'acteur fictionnel va quant à lui devenir un avatar de l'acteur, de ses obsessions de jeu et définir un parcours et des objectifs au jeu. Il est ainsi possible d'inscrire des caractéristiques à ce nouveau personnage qui apporteront des éléments concrets au jeu. Est-ce que cet *acteur fictionnel* a peur d'embrasser ses partenaires ? Essaie-t-il toujours de faire des imitations ? De cabotiner ? *L'Acteur fictionnel* est en quelque sorte une personnification de notre style de jeu et de ce que nous aimons jouer.

Pendant un spectacle Méta, j'aime utiliser ces problématiques et en faire un objectif de jeu. Je me souviens qu'une fois, ma compagne m'avait demandé avant un spectacle si *j'étais obligé de toujours embrasser mes partenaires*. J'avais exposé cette remarque dès le début du spectacle dans un monologue, cherchant la raison (fictionnelle ?) de cette fatalité, de cette dépendance. J'ai donc refusé pendant tout le spectacle d'embrasser Marie, qui, à la fin, m'a volé un baiser. Ceci a donné lieu à une scène sur le consentement, la trahison… On peut observer ici que j'utilise un fait réel, à la fois, comme base à la fiction et comme motif récurent du spectacle. Ceci génère deux niveaux d'objectifs : un à court terme (essayer de ne pas embrasser Marie) et un à long terme (finalement être embrassé contre ma volonté). Je pense que, souvent, l'inverse de notre objectif à court terme peut nous donner un objectif à long terme.

Une de mes élèves a commencé son impro Méta, en évoquant le fait, de toujours jouer des personnages ayant des statuts[14] élevés. Elle a donc explicité son envie, lors des prochaines improvisations, de ne jouer que des statuts bas. Ceci lui donnant un objectif opérationnel à court terme. Je lui ai alors indiqué que je trouvais

---

[14] **Statuts** : position relative des personnages dans une scène, définie par leur pouvoir, leur confiance, leur autorité ou leur vulnérabilité, indépendamment de leur rôle social réel. Le statut peut être haut ou bas, stable ou mouvant, et influe fortement sur les dynamiques de jeu et de récit.

intéressant qu'elle commence ses impros ainsi, mais qu'au fur et à mesure, son naturel revienne au galop et qu'elle retrouve un statut haut régulièrement, ce qui pourrait être signifié par son partenaire. Ceci permettrait de complexifier sa partition, la rendant dynamique, pour finalement permettre de trouver un objectif à long terme : pourquoi est-ce que je joue toujours des statuts hauts ? Est-ce une fatalité ? Ça fait quoi, en tant que femme d'être en permanence ramenée à un statut inférieur par son partenaire masculin ? Il lui serait même possible de raconter une histoire personnelle, dans laquelle, elle a dû se rabaisser devant quelqu'un, et que son partenaire entre dans son impro en tant qu'oppresseur... Ce problème de statut sera donc interrogé à tous les niveaux Méta, et conduira certainement à une fin puissante et profonde.

Cet *Acteur fictionnel*, se développe aussi pendant le spectacle et peut apparaître dans des scènes en apportant avec lui ses propres objectifs de personnage. Par exemple, si l'*Acteur fictionnel* a décidé de mettre en avant ses qualités de mime, on le retrouvera dans n'importe quelle scène à essayer de mimer tout ce qu'il peut. Même le cabotinage peut devenir un élément à exploiter et à mettre en abyme. L'*Acteur* sera à la bagarre avec la *Personne* et influencera les autres personnages. Nous jouerons alors sur trois niveaux simultanés.

Je parle beaucoup des *objectifs* dans le jeu. Chaque niveau de la Méta doit développer des objectifs propres, qui peuvent être contradictoires les uns avec les autres. Dans une scène, mon personnage a décidé de quitter la pièce, car il met un terme à la relation qu'il a avec l'autre personnage. Mais cet objectif de « sortir » pose un gros problème à mon acteur, qui, lui, ne souhaite pas quitter la scène, car il sait que s'il la quitte, elle se terminera pour lui. Mon acteur sait que s'il répond « oui » immédiatement à la demande de son partenaire, il va gâcher la situation et ne créera pas de tension dramatique. Alors, mon acteur va mettre en place des moyens concrets pour ne pas permettre à son personnage de partir. Il va peut-être le faire s'arrêter devant la porte et lancer un monologue, il va pleurer, etc. Peut-être, est-ce l'autre acteur qui ne voudra pas que son partenaire sorte, car il est conscient des enjeux de sa sortie. Peut-être va-t-il les bloquer lui et son personnage… D'ailleurs, en Méta, ce texte pourrait complètement être dit, en même temps que l'on est en train de jouer la scène.

C'est assez contre-intuitif, mais la Méta n'est pas un jeu intello. Toute la réflexion, le travail en amont, la déconstruction de son propre jeu ne visent qu'à un jeu instinctif, physique, sauvage et raffiné. La Méta c'est une quête impossible de la pureté du jeu, un geste artistique honnête.

La mystification du spectateur

Le dernier Méta que nous avons joué était un « 2,5 ». Cécile était invitée. Elle jouait une fois 20 minutes avec Marie, puis 20 autres minutes avec moi, puis, enfin, nous jouions les 20 dernières minutes tous les trois.

La première partie, avec Marie, a mis Cécile à l'aise. Elles ont abordé la sororité, l'empouvoirement féminin, la révolte... Cette première période permettait l'installation d'un socle Méta pour le public et pour Cécile. Ne pas aller trop vite pour ne pas perdre les gens. Cette partie se caractérisait par la répétition et l'accumulation de motifs narratifs. Une construction habile et rapide où deux sœurs traversaient des scènes qui finissaient par se confondre les unes avec les autres. Comme Cécile se sentait bien, Marie a pu accélérer.

Que veut dire accélérer ? Cela signifie s'etourdir, changer rapidement de niveaux, d'impros, de personnages. Tendre vers le conceptuel plutôt que le narratif. Le public aime le narratif, mais, avec Marie, nous aimons (trop ?) le conceptuel. Les histoires improvisées me paraissent toujours attendues et manquer de profondeur. Elles prennent une dimension supérieure dès qu'elles sont traitées sur au moins deux niveaux en même temps. Pour moi, il faut que transparaissent très rapidement des enjeux personnels, d'interprétation ou de mise en scène pour que la fiction devienne prenante. C'est la confusion des niveaux de jeu qui apporte la richesse de la Méta. Jouer une histoire absurde ou réaliste ne m'intéresse pas. C'est un piège dans la Méta de vouloir raconter de belles histoires. C'est comme jouer en 2D. Il faut mettre en perspective.

Cécile proposait des cadres narratifs vraiment bien écrits et Marie ramenait du personnel, du décalage et du changement de niveau. C'était déjà un peu la bagarre, mais Cécile tenait bon et revenait toujours à une forme narrative bien construite. C'est comme si Marie passait son temps à faire des trous dans une barque avec une hache et que Cécile rebouchait tout en permanence.

Ce que l'on veut dans la Méta, c'est voir comment on arrive à fabriquer un radeau avec les restes de la barque et que cette embarcation flotte toujours, mais de manière instable. Ce duo était drôle et vivant à regarder. Improviser à deux, ce n'est pas forcément jouer avec. Ça peut aussi être, jouer contre ou jouer sans l'autre…

Pendant la première période, on forme notre partenaire et le public à notre jeu et à la Méta. Quand je suis entré pour la deuxième partie, je voulais que Cécile lâche quelque chose. Elle avait des personnages toujours très forts et revendicatifs qui n'avaient peur de rien. J'aime faire travailler mes partenaires et les emmener à un endroit qui m'intéresse. Mais Cécile ne le voulait ou ne le pouvait pas. J'avais envie de lui faire jouer des perdantes. Je lui racontais que moi, dans la vie, je n'avais pas cet aplomb de remettre à leur place les gens et que j'optais souvent pour le statu quo. Je lui ai dit que j'allais jouer des personnages lâches... Ce fut en quelque sorte la teneur de cette période. J'ai beaucoup déjoué. J'ai beaucoup refusé. Mon but était de la déstabiliser. De la faire tomber de la barque.

Je l'ai trouvée très bonne actrice. Elle joue juste, simple et sincère comme j'aime. Ça m'a intimidé. Je me suis trouvé mauvais acteur. J'étais incapable de rentrer dans les fictions. Comme la Méta oblige à être à la fois dehors et dedans, on peut vite se juger. Alors, il faut rapidement transformer cette impression en problématique de jeu et la traiter. J'ai essayé plusieurs fois de rentrer dans les scènes, mais je trouvais que je jouais mal. Je l'ai dit. J'ai réessayé de jouer juste. Ça ne marchait pas. Mais ce qui est intéressant à ce moment, c'est que pour mettre en lumière le fait de mal jouer, j'étais, sans m'en rendre compte, très bon dans l'endroit de la Méta, très naturel et touchant dans ma tentative. Donc, je jouais juste sur les deux niveaux, ce qui créait un nouvel espace fictionnel : Christophe n'arrive plus à jouer.

Je n'ai pas intellectualisé ce processus sur le moment, ce sont des spectateurs qui me l'ont dit. Encore une fois, être honnête sur scène et signifier un problème rencontré offre des perspectives plus complexes de lecture du jeu, car lui aussi se met à suivre les impros sur les trois niveaux. Je jouais mal… **C'est vrai puisque je n'arrivais vraiment pas à jouer narratif. C'est faux, car je jonglais avec deux registres de jeu.**

J'étais dans deux endroits en même temps. J'étais complètement sincère. Je n'avais pas conscience de jouer juste en Méta, mais, comme je traitais cette incapacité à jouer juste dans le niveau fictionnel, je ne me suis pas senti mal et j'ai pu me transformer. J'étais moi-même perdu dans les niveaux. C'est le trouble de la Méta. C'est ce qui est vertigineux et perturbant pour le public. C'est ce qui fait qu'il s'investisse émotionnellement dans notre impro.

L'improvisateur va-t-il chuter ? Cette question, présente dans l'impro en général, devient une problématique à traiter. Pas seulement de manière théorique, mais de manière concrète, sensible et artistique. Elle devient le pivot de la scène. Je n'ai pas forcément conscience de tout ça quand je joue. C'est l'intuition, la volonté, l'expérience et la technique qui m'amènent au *flow*. À ce moment où je ne suis plus sûr de rien. J'essaie de traiter tous les éléments présents qui arrivent en continu. Je travaille à prendre en compte le jeu, mon émotion, ma partenaire, la situation… Et de synthétiser ça dans une scène pour recréer de la fiction, du théâtre. À ce moment-là, je n'ai pas du tout l'impression de marcher sur l'eau ou d'être tranquille. J'essaie de m'en sortir et de faire avec l'existant. Ne pas cacher. Les spectateurs me disent en général qu'ils ne voient pas quand je galère... C'est sûrement parce que je le dis...

Souvent, la troisième partie est plus compliquée pour le public. C'est un peu le moment *Showtime*. Ce sont les 20 dernières minutes, on en a joué 40... Les bases de la Méta sont intégrées par le public... Notre invitée est normalement à l'aise. C'est le moment où nous accélérons encore, en fusionnant les niveaux de jeu. *Personne*, *Personnage* et *Fiction*.

Après le spectacle, nous avons eu plusieurs retours disant que, sur la dernière partie, nous avions été durs avec Cécile. Elle était très à l'aise depuis le début. Les trois niveaux étaient clairs et avaient été exploités. Il fallait dérégler le système. Comme le public nous perçoit en tant que personnes fortes, confiantes et acteurs accomplis en Méta, il a développé beaucoup d'empathie pour Cécile, qui apparaît comme la débutante puisqu'elle est invitée. Mais Cécile, sur scène, n'est pas vraiment Cécile. Nous avons développé pendant 40 minutes, chacun et chacune, une *Personne* et un *Acteur* qui sont tous fictionnels. Ce qui veut dire qu'à la fin du spectacle, nous semons le trouble chez le spectateur en changeant de niveau très rapidement et en mettant en jeu nos personnes et nos relations interpersonnelles.

Nous n'étions pas, Marie et Christophe, durs avec Cécile. Et Cécile n'était pas (ou plus ?) en réalité la fragile débutante. Nous savions que Cécile était prête à accélérer. Nous l'avons installée dans ce niveau où tout semble vrai alors que tout est faux. La dernière partie du spectacle n'est pas indépendante, elle est le résultat des deux autres.

L'apparition de la Créature

À la fin, nous avons évolué dans un *4e niveau* de jeu en développant chacun et chacune notre *créature* : la somme fictionnelle de tout ce que nous avons créé durant le spectacle. Une synthèse de nos niveaux *Personnes*, *Acteurs* et *Fiction*. Un niveau qui, cette fois, est fabriqué par les spectateurs et non plus par nous. Ce niveau ne nous appartient plus. Il est entièrement réel et fictionnel. C'est la transaction esthétique. C'est la place du spectateur. Il fait partie de la créature, de ce qu'il se raconte de nous, de ce qu'il a projeté sur nous. Nous disons souvent que, dans nos spectacles, nous ne faisons que la moitié du chemin et que c'est au spectateur de faire le reste. C'est la force de l'écriture conceptuelle. Nous posons ici et là des bribes, des indices, des énigmes et c'est au public de les résoudre. Ainsi, il s'implique davantage et devient une partie de l'œuvre.

Un des aspects du dogme du spectacle Méta est d'avoir l'impression d'être tombé dans les escaliers à la fin du spectacle. Ce renversement à plusieurs aspects. Tout comme l'improvisateur, le spectateur a traversé un État de *Flow*, il est donc dans un État modifié de conscience. Il a été mystifié. Il a vécu une expérience intime, esthétique, où le réel et l'artistique se sont confondus. Il a traversé lui aussi une expérience confusante. Il a pris parti. Mais tout ceci reste du théâtre.

L'invocation

Caractériser un personnage est un outil indispensable pour créer des scènes improvisées. Mais au-delà d'une fin en soi, c'est avant tout un moyen. Tout comme la Méta est un appui plutôt qu'une contrainte, la caractérisation est un moyen concret d'improviser de manière complexe. Encore une fois, c'est dans le paradoxe et l'opposition que se situe, pour moi, une vérité du jeu improvisé. On va souvent demander aux improvisateurs d'adopter une posture physique, de prendre une voix, des tics, mais cette approche est souvent décorrélée du texte, de l'émotion ou de la narration. On utilise cette technique pour avoir quelque chose à montrer au public en attendant d'avoir une idée. Le corps est en soi une proposition et offre à lui seul, de nombreuses possibilités de nourrir son imaginaire. Hélas, il sera souvent une enveloppe vide n'aidant pas l'acteur à la création de son personnage.

J'essaie dans mon travail d'acteur et de metteur en scène d'utiliser des moyens techniques très concrets, des objectifs à court terme, afin d'être en mesure de développer son personnage de manière *organique*. J'entends, par là, **être en mesure de s'impliquer dans un mouvement volontaire qui va enclencher de lui-même une multitude de conséquences.** Cette matière physique ou textuelle va devenir un appui, une source d'inspiration, qui nourrira mon personnage. La marche, c'est le déséquilibre, c'est le mouvement. **J'aime à répéter qu'un déplacement est un évènement.** Ainsi, les impulsions spontanées créant des ruptures, des décalages de texte, les gimmicks, les actions physiques permettent d'ouvrir de nouveaux espaces à notre jeu et au final, à nos improvisations.

Dans la Méta, je parle d'oppositions entre les objectifs de l'acteur et du personnage. Ceux-ci seront toujours en négociation et travailleront conjointement afin de développer la scène. L'acteur donnera des balises à son personnage afin que celui-ci s'approche ou soit contrarié dans la réalisation de ses objectifs. Par exemple, si je souhaite que mon personnage passe pour quelqu'un qui n'a pas d'opinion, je vais reformuler ce que disent les autres et m'exprimer après eux. Ceci donnera une indication claire et non narrative de mon personnage. Je cherche, pendant l'improvisation, à développer un système, qui créera un déséquilibre, en même temps qu'un appuie. Quand ce système sera épuisé, j'en mettrai un nouveau en place. Chaque objectif à court terme nourrit mon personnage et me permet de ne pas rester passif ou à fabriquer du texte inutile. Si l'on n'est pas conscient de notre fonction dans la scène, on ne déploiera rien d'intéressant. Ce moyen rend la création de personnages plus technique, physique et permet de développer la partie psychologique sans trop y réfléchir. On se conditionne, en quelque sorte, à éprouver.

Les principes de l'invocation

En raison de la forme de leurs spectacles, les improvisateurs sont souvent amenés à jouer des personnages jetables ou caricaturaux : des enfants, des vieux, des archétypes... Mais un enfant ou un vieux, ça n'existe pas, c'est générique. Pour sensibiliser à cet aspect et développer la partie personnelle de la Méta, j'ai imaginé un exercice, voire un concept, que j'appelle l'*Invocation*. Afin d'incarner des personnages dans des situations sensibles et non stéréotypées, je propose aux acteurs d'incarner un proche.

Jouer des archétypes, des caricatures sans substance n'aide pas les improvisateurs à développer du jeu. Ce sont des personnages refuges, créés dans l'urgence, par la peur du vide. Ils ont l'intérêt d'être fonctionnels immédiatement, mais ont une durée de vie très limitée. Alors que jouer son grand-père, son père, son fils de 18 ans ou sa nièce de 6 ans, c'est très différent.

Pour incarner un proche, il est nécessaire de caractériser son personnage. Quel proche ai-je choisi de jouer ? Comment révéler son caractère ? Il faut décider d'une ligne directrice, un parti-pris qui montrera sa singularité.

Comment s'exprime cette personne ? Qu'aime-t-elle faire ? Quelles sont ses obsessions ? Ses gimmicks ? Comment bouge-t-elle ? Il faut établir un portrait, une sorte d'esquisse : choisir les points forts et composer autour.

Une fois cela fait, on peut l'invoquer sur scène. Je demande à l'acteur de mettre son personnage en scène et attribuer un personnage fictionnel à son partenaire. Il est indispensable de choisir une situation qui permette au personnage d'exister et qui le mette en valeur. **Il faut lui trouver un contexte familier dans lequel il aura quelque chose à résoudre.** Une fois cela décidé, on peut demander à son partenaire de jouer le père de notre personnage, ou sa sœur, ou son grand-père, sans lui donner plus d'indications. On lui explique la situation, mais on ne le dirige pas sur son personnage.

On peut créer un grand nombre de variantes de cet exercice. Je le développe habituellement sur plusieurs phases, mais il faut bien compter une heure par phase.

- **Première phase** : On choisit un personnage proche à incarner, on décide d'une scène familière, dans un lieu familier qui décrit ce personnage. On donne un rôle à son partenaire. On joue la scène.

Par exemple, si je décidais d'invoquer ma grand-mère, la scène se passerait au deuxième étage, dans le salon d'un petit appartement à Trappes. Je demanderais à mon partenaire de me jouer moi quand j'avais 6 ans. Nous sommes assis face à face autour de cette grande table recouverte d'une toile cirée. Mon partenaire prend son goûter, une crêpe industrielle au Nutella avec un lait fraise en briquette Candia. Comme il ne peut pas le deviner, je lui annonce ce qu'il y a pour le goûter. Moi, en tant que grand-mère, je vais m'asseoir en face de lui. Ma grand-mère à ce moment-là doit avoir environ 50 ans, mais elle paraît plus âgée. Elle a du mal à se déplacer et boite légèrement à cause d'un accident qu'elle a eu dans sa jeunesse. Elle porte une robe ou une jupe avec d'épais collants marron. Sur cette robe, elle porte toujours une blouse sans manches, comme pour toujours cacher la femme qu'elle est et rester une domestique.

Tous ces détails ne sont pas visibles pour le public, puisque la scène est jouée simplement avec deux chaises et sans accessoire, mais tout ceci me permet de visualiser et m'imprégner. Tous ces éléments portent en eux un potentiel narratif que je pourrai utiliser si je le souhaite. Je donnerai certaines infos à mon partenaire pour qu'il comprenne l'ambiance, avec le plus de détails possible, mais je ne lui fournirai aucun élément sur son personnage, en l'occurrence, moi enfant. Je souhaite qu'il puisse intégrer son *Lui* dans le personnage. Ainsi, il utilisera ses propres souvenirs pour jouer mon personnage.

Pour rendre cette scène intéressante, je pense que j'aurais décalé le texte et j'aurais fait parler ma grand-mère de mon père, ce qui n'est jamais arrivé. Elle était plutôt silencieuse et effacée. Je me souviens comment elle était lorsqu'elle était en colère, cela se ressentait par sa façon de dire son texte et de se contenir au maximum. Ce serait intéressant à jouer.

On remarque bien, ici, que le simple fait d'évoquer ces souvenirs crée une émotion palpable, y compris chez moi, qui me permettra d'entrer dans un état de jeu modifié. Cet état de profonde *sincérité fictionnelle* crée un trouble et une émotion chez les spectateurs qui les renvoient à leur propre histoire. Que ce soit avec des personnes vivantes ou décédées, c'est la même chose. On expose une intimité cachée, encore une fois, sous un voile de pudeur : la forme au service de l'émotion. Je crois aussi que l'invocation possède une dimension ésotérique dans le rapport que j'entretiens avec les défunts, à la mémoire. Il se passe toujours quelque chose de très émouvant, même dans une scène très drôle lorsque l'on joue un proche. C'est comme si la scène jouée nous permettait de nous rapprocher un peu des *invoqués*.

- **Deuxième phase** : On rentre dans la scène de quelqu'un d'autre avec sa propre invocation. Ainsi, deux personnages invoqués se rencontrent dans une même scène fictionnelle.

Exemple : Je joue à nouveau ma grand-mère chez elle, à sa table, comme dans la scène précédente, mais cette fois, mon partenaire va jouer son propre père, qu'il a aussi joué dans la scène précédente. Ce père râle contre le service client d'Orange, qui lui a demandé ses codes de carte bleue pour débloquer son dossier. Scène qui avait été résolue dans la scène précédente où il parlait à son fils fictionnel de cette mésaventure où il découvrait qu'il avait été victime de *fishing*[15]. En revanche, cette scène fait de ma grand-mère, l'épouse du père de mon partenaire et sera totalement inédite, car ma grand-mère n'a jamais eu internet ou de portable. D'ailleurs, je n'ai aucun souvenir de discussions entre mon grand-père et ma grand-mère... J'aurais pu aussi choisir que mon partenaire soit mon fils, même s'il avait décidé de jouer son propre père... Ainsi, on propose à la fois des scènes entièrement fictionnelles et complètement personnelles. C'est aussi ça jouer sur deux niveaux.

- **Troisième phase** : On écrit tous les prénoms des personnages joués par les autres acteurs et actrices. Chacun en pioche un et incarne le personnage tiré au sort avec quelqu'un d'autre dans une scène complètement fictionnelle.

Je trouve cet exercice puissant et sensible, car il offre aux spectateurs à la fois des personnages vivants ainsi que l'émotion de l'acteur interprétant son proche. Encore une fois, deux niveaux de jeu sont visibles, tout est contenu dans tout.

J'appelle ce principe *l'invocation*, car, pour moi, c'est une façon d'être habité, possédé, de faire apparaître en soi

---

[15]**Fishing (ou phishing)** : méthode frauduleuse consistant à tromper une personne, généralement par l'envoi de messages falsifiés, afin de lui soutirer des informations confidentielles, telles que mots de passe ou données bancaires.

une autre personne. C'est ce que l'on fait au théâtre ou au cinéma avec un personnage fictionnel, mais convoquer un proche ou quelqu'un de disparu, crée un moment partagé par tous, joyeux et pudique. Le personnage devient subtil et laisse apparaître la relation qui existe avec la personne qui l'incarne. Tout comme *la note bleue* dans le jazz, quelque chose cloche, on ne comprend pas bien ce qu'on est en train de voir ou entendre, mais ça nous touche.

Dans la Méta. On utilise aussi ce procédé pour devenir l'autre acteur ou un personnage de son histoire. Si l'on est amené à incarner un proche de son partenaire, nous irons piocher dans notre propre référentiel, notre entourage pour donner vie et subtilité à ce proche que nous avons pour tâche de jouer. Ainsi, lorsque je dois jouer le père de mon ou ma partenaire, je vais *invoquer* mon propre père, ou une figure paternelle qui me vient sur le moment. Ainsi, mon personnage sera bien le père de l'autre personnage, mais je le jouerai comme si c'était le mien. Mon personnage vibrera grâce à la fusion de mon propre père et de celui de mon partenaire, créant une matière nouvelle et puissante.

J'utilise d'ailleurs le principe de *l'invocation* dans tous les aspects de mon jeu. Je joue toujours des choses que je connais. Je fais travailler mon imaginaire dans des éléments de ma vie que je remixe. Ainsi, j'évolue toujours dans des décors connus, dans des situations familières. C'est-à-dire que la base de mon imaginaire fictionnel s'appuie toujours sur du réel. Je trouve plus facile de partir de quelque chose que je connais, plutôt que du néant. Je visualise et j'utilise des environnements ou des objets familiers et je les *invoque* pendant l'improvisation. Un salon devient MON salon, une cafetière devient MA cafetière. Tout devient qualifié et précis.

J'invoque aussi le personnage de mon ou ma partenaire. C'est-à-dire que, lorsque ma partenaire joue sa mère, je vais très souvent imaginer que je m'adresse à ma propre mère et ainsi qualifier la relation et ramener la situation à quelque chose qui me touche. Cela ne change rien au jeu de l'autre, mais si mon partenaire ne construit pas son personnage, je vais le faire pour lui en m'appuyant sur mon expérience propre et ma mémoire affective. Tout devient concret et personnel. Dans le spectacle que j'ai joué avec Aurélien, c'est exactement le procédé que j'ai utilisé lorsque j'ai joué son père. En devenant mon propre père, je propose une scène à la fois très personnelle et très pudique.

L'espace de transgression

La Méta étant une matière vivante, au-delà des moments de transmission technique, il nous semble essentiel de nous accorder des moments de recherche. Il faut creuser et interroger d'autres possibles. Pour ce faire, nous invitons régulièrement des comédiens et comédiennes, non-improvisateurs, à nous rejoindre et à s'essayer à notre matière.

Lors d'une de ces séances, j'avais envie de lancer un jeu que j'aime beaucoup et qui a pour but de faire le contraire de ce que demande son partenaire. C'est un jeu qu'a (certainement) inventé Marie, lors d'un labo qui s'appelait « Beautés contraires ». Par exemple, si on demande à son partenaire d'aller à droite, il ira à gauche. Le propos n'est pas seulement de faire le contraire, mais de traduire, de trouver l'espace de liberté dans la contrainte et comment se réapproprier une consigne. Ce jeu aborde à la fois le ludique, l'imaginaire et la créativité. Autant il est facile d'imaginer ce qu'est le contraire d'aller à droite, mais il est plus complexe d'imaginer le contraire de dire bonjour à Christophe. Est-ce dire au revoir à Marie ? C'est quoi le contraire de chanter une chanson de Dalida ? Est-ce dire un poème de Prévert ? Est-ce se taire ? C'est quoi le contraire de Dalida ? C'est quoi le contraire d'une chanson ?

Au-delà de travailler sur la transgression, cet exercice cherche aussi à sensibiliser à un principe : *le Lead*. C'est quoi le lead en improvisation ? Prendre le lead, c'est faire des propositions claires à ses partenaires, leur permettant de se positionner. C'est prendre des décisions qui permettront à l'improvisation de se développer. Contrairement à ce que l'on pourrait penser, mener une impro, ce n'est pas une position rigide ou autoritaire. Cela demande à la fois de la confiance, en soi et en son partenaire, mais aussi un peu de ténacité pour être certain que l'on va nous suivre correctement. Et c'est quoi suivre ? Suivre, ce n'est pas simplement dire *oui et...* C'est trouver son propre espace personnel dans la proposition de l'autre et l'enrichir, la clarifier, la transgresser si besoin. Mener et suivre est un dialogue constant et nécessaire pour improviser.

D'une manière générale, il me semble important de respecter les consignes d'un exercice, mais, il est encore plus important de trouver l'espace de transgression, l'espace de l'expression, l'espace de la créativité. C'est souvent un problème pour les acteurs. La contrainte est très confortable, même si elle est frustrante, il est parfois difficile d'en trouver la sortie. Comment respecter la consigne tout en l'aménageant, en suivant son propre intérêt, son individualité, sa singularité ? Qui plus est, quelle est la limite de la consigne ? À partir de quel moment ne sommes-nous plus du tout dans le cadre fixé ? Qu'est-ce qui est pertinent d'interpréter et obligatoire de respecter ? Si on ne respecte plus aucune des règles, pourquoi jouer ? Si on joue au foot avec les mains, ce n'est plus le foot…

Ce jeu amène un chaos ludique et il permet même à un moment à tout le monde de se connecter sans s'en rendre vraiment compte. On ne joue plus avec sa tête, on est dans un état de jeu proche d'une transe. Le jeu des contraires permet vraiment, tout comme la Méta, de voir où en est l'acteur par rapport au jeu. Pendant les différents temps de travail, je les observe, j'essaie d'analyser les rouages de leur jeu. Je fais toujours ça pour nourrir ma propre réflexion ainsi que mon propre jeu…

Romain sait jouer dans les deux sens du terme. Jouer *Acteur* et jouer *Joueur*. Le *Joueur* est essentiel à l'improvisateur. C'est lui qui pousse à inventer, à transgresser. C'est l'enfant qui refuse de s'ennuyer. Je remarque que la transgression est quelque chose de compliqué dans notre groupe d'improvisateurs amateurs. **Transgresser, c'est trouver son chemin individuel dans la contrainte.** C'est quoi la liberté dans la contrainte ? Créer, c'est la contrainte. La contrainte de la forme, du cadre, de la technique. La transgression c'est la place de l'artiste.

Après cet échauffement, je lance assez vite une série d'impros Méta à 3. J'aime bien commencer assez rapidement à jouer, ça doit provoquer chez chacun et chacune, sa capacité à se mettre tout de suite dans un état de jeu. *L'état de jeu*, c'est un état de disponibilité, de ludique, de tension. Être tendu vers la forme. Être tendu vers l'autre. C'est une capacité à se concentrer tout en étant complètement ouvert. J'avais aimé la façon dont Joe Bill nous lançait sans échauffement sur des impros courtes pendant 1 h 30. Je comprends aujourd'hui ce qu'apporte cette capacité à être présent tout de suite. La Méta n'est pas une excuse pour procrastiner. Elle est le moyen de trouver son chemin vers son état de jeu.

Cécile est certainement la moins expérimentée du groupe. Pourtant, elle prend le lead très souvent. Elle installe de bons socles. Mais il y a peu de place pour l'autre. Je pense que c'est normal, elle découvre le plaisir de jouer. Elle se découvre actrice, elle n'est pas encore capable de prendre complètement l'autre en compte. C'est une des choses que j'aime le plus chez les débutants qui osent. J'adore les voir découvrir qu'ils sont capables de créer de la beauté, les regarder s'enivrer d'eux-mêmes. C'est vraiment très intéressant de travailler en labo avec des créateurs. Ça permet de confronter des univers. Les créateurs interrogent toujours la forme, ils s'en emparent et la transgressent. Il y a toujours du sens. On converge toujours vers une œuvre.

Je m'interroge à nouveau sur *l'état de jeu*. C'est quoi le temps nécessaire pour s'intéresser à ce que l'on joue ? Ce groupe a besoin de beaucoup de supports extérieurs. Un paquet de Madeleine, une chaise, des affaires... Ils n'ont pas encore accès à leur support intérieur. C'est leur première fois en Méta. Pour beaucoup de ces créateurs participants au labo, leur processus créatif est lié à la scénographie. Ils ont besoin de créer des espaces, des décors. Je me rends compte que le rapport à l'intime et donc le niveau *Personne* dans la Méta reste compliqué à exprimer alors que c'est peut-être le plus riche et le plus utile.

Marie est encore tendue, elle a du mal avec ses socles. Pour accéder au plaisir du jeu, au bout de 3 minutes, elle se remet dedans. Ça passe souvent par la colère et la sur énergie chez elle. Le conflit est un moteur de jeu puissant et récurrent en impro. Je dirais que c'est un endroit refuge, il est très facile à mettre en place. Il est très porteur d'énergie et permet de rendre la scène très vite intéressante autour d'un enjeu central. Le problème du conflit, c'est qu'il a une durée de vie assez courte. Si on ne l'utilise pas pour créer un socle solide et des enjeux, on retombe aussi vite qu'on est monté… Et on peut tout perdre : l'énergie, le sens… La Méta amène souvent à des conflits sur scène, c'est certainement lié au fait que ce soit un acte de révolte.

C'est à mon tour de jouer. Je remarque qu'il est toujours impossible pour moi de respecter les consignes. Je contourne l'obstacle. Par peur ? Par orgueil ? Je ne joue que dans l'interstice Méta. Je ne crée aucune situation narrative. Je reste extérieur à ce qui se passe. Je me trouve assez bon dans ce domaine, mais ce n'est pas satisfaisant. C'est de la triche. Ce n'est pas ce qui amène à *l'état de jeu*. J'en ai conscience quand je le fais, mais je suis trop tendu pour faire autrement. J'essaie de sauver les apparences. Je refuse de perdre. C'est un gros problème. Quand on refuse de perdre, on ne peut pas gagner.

Alors que je les regarde, je pense à autre chose. Je me dis que j'ai un peu les mêmes défauts et qualités dans la vie. Je vois où ça va dès la première réplique, ou plutôt, je crois que je vois où ça va... Et je n'ai pas la patience d'attendre la suite. Je vais chercher le décalage. Je me déphase toujours de l'autre, j'accélère, je bouscule. J'apporte la surprise. Il faut que j'essaie d'être plus patient.

Je pense que la Méta flatte l'intellect, elle amuse. C'est pour ça qu'elle plaît. La fiction permet la catharsis. La Méta permet l'accès à l'acteur et à la personne. Ça me fait penser à la télé-réalité. Il s'agit toujours d'une fiction dans laquelle on essaie de trouver la personne au travers du candidat. C'est un endroit d'identification, de projection.

Questions et limites de la Méta

La Méta est un très bon outil pédagogique, car elle oblige à conscientiser son jeu. Elle développe une lecture de la situation, de la mise en scène et de ses partenaires. Elle oblige à complexifier son jeu tout en simplifiant les moyens d'y parvenir, car jouer sur plusieurs niveaux, malgré les apparences, est une aide précieuse qui permet de ne jamais être en panne d'inspiration. La Méta demande un niveau de conscience et d'écoute de soi et de ce qui nous entoure. Cela demande de se décentrer. Le problème est que, pour atteindre cet état de jeu, il y a tout un tas de pièges.

Difficultés à incarner

Quand on joue avec cet outil, il est parfois difficile d'incarner. Comme cette pratique demande d'être à la fois observateur et joueur, on peut avoir tendance à être bloqué dans sa tête, à ne pas investir le corps. On va développer un jeu mou et cérébral. La Méta ne peut se contenter d'être dans la tête, elle doit créer un déséquilibre dans le mouvement. Les acteurs prisonniers de leur tête se mettent à sous-jouer. C'est-à-dire, développer une énergie de jeu insuffisante à la scène.

La Méta est autophage. Elle nécessite un énorme investissement, sinon elle se consume. **La matière développée en Méta nourrit la fiction, la forme, le jeu et tout ça nourrit à nouveau la Méta.** Rester dans le commentaire Méta sur un seul niveau épuise son propre processus. Si les acteurs se mettent à jouer comme des robots ou restent bloqués sur leur siège. Ils ne sont qu'à un seul endroit : le cérébral. Alors qu'il faut être partout. Pour rappel, tous les niveaux de la Méta doivent être joués, donc incarnés. Ils demandent donc, d'être tous abordés avec la même énergie que le niveau fictionnel. Les niveaux *Acteur* ou *Personne* ne sont pas faits pour se reposer ou bavarder. Ils sont faits pour créer une matière qui nourrira l'improvisation.

Au-delà de la question de l'énergie nécessaire à la Méta, il est déconseillé de jouer tous les niveaux de la même façon. Encore une fois, la Méta demande un jeu engagé, technique et concret afin de pouvoir exister. Pour que les 3 niveaux soient visibles, il est indispensable de les incarner de manière différente et intense. Chaque niveau doit développer son propre registre de jeu. Si on est en sous-énergie ou que l'on joue « plat », on ne sera pas en mesure de rendre visibles les différents niveaux. De plus, cela ne générera pas assez de matière et l'édifice s'écroulera.

Difficultés à prendre des risques

Cette sous-énergie peut donner l'illusion d'un certain confort. Une zone de non-jeu où l'on va négocier indéfiniment avec le fait de se jeter dans le vide et vraiment commencer à créer une matière féconde. Cela donne des impros assez creuses qui tournent en rond, car le niveau *Acteur* peut être un refuge confortable contre la peur de jouer et de prendre des risques. On reste alors dans une zone blanche qui décrit pourquoi on ne joue pas, pourquoi on est en échec, etc. C'est pour cette raison que l'on doit toujours être *tendu vers le jeu*. Toutes les phases introspectives doivent inévitablement amener à une scène incarnée.

Connaître son Joueur

Beaucoup de problèmes viennent d'un manque de connaissance de son *Joueur*. Mieux se cerner soi et ses partenaires reste un moyen de progresser. J'ai mis au point une sorte d'auto bilan. C'est un questionnaire à remplir par chacun. Je me rends compte souvent qu'on répond à côté de ce que je demande. Les questions sont simples pourtant. Mais mettre un improvisateur en face de ses responsabilités d'auteur peut vite le mettre en panique. Dans cet exercice, nous cherchons à mieux comprendre l'improvisateur. Quels sont ses points forts, ses points faibles, son expérience ? Ce questionnaire interroge aussi son désir. Qu'aime-t-il jouer ? De quelle manière ? C'est une méthode analytique de conscientisation. Ainsi, la première question du questionnaire est :

- *Quel improvisateur suis-je ?*

C'est une question volontairement ouverte afin de répondre de manière personnelle. Il est intéressant d'observer le point de vue qu'il adoptera pour parler de lui-même. Optera-t-il pour une analyse technique ? Émotionnelle ? Ou bien une approche décalée par rapport à la question ? Cela revient à exprimer notre identité, nos aspirations et les raisons pour lesquelles nous pratiquons l'improvisation. Qu'est-ce que je cherche dans cet atelier ? Quel type de jeu m'attire ? Cette interrogation aborde également la question de la motivation. Pourquoi jouons-nous ? Pourquoi avons-nous choisi de pratiquer l'improvisation théâtrale ? Cela met également en lumière la capacité de l'improvisateur à réfléchir sur sa pratique. Comment se décrira-t-il ? Y a-t-il une dissonance entre sa perception et la mienne ?

- *Quels sont mes points forts, mes qualités d'improvisateur.ice ?*

- *Quels sont mes points à travailler ?*

Ces questions permettent d'évaluer d'éventuelles frustrations. Il est important d'être capable de dire ses points forts autant que ses points faibles. Il n'est pas prétentieux de dire ce que l'on pense de soi. En revanche, il est intéressant de confronter cette notion avec ce que nous, formateurs, pensons de son jeu. Si c'est aligné, cela signifie que la personne a une bonne capacité d'analyse. Si ça ne l'est pas, il faut lui demander d'être plus explicite et donner des exemples qui lui permettent d'argumenter sa position, et à nous de la comprendre. Je pars du principe que nous sommes souvent assez mal placés pour nous juger nous-mêmes, alors, reconnaître ses points forts permet de prendre confiance en soi, ce qui est incontournable pour jouer sur scène.

- *Qui souhaiterais-je être dans le groupe et pourquoi (droit de mixer plusieurs personnes) ?*

Cette question évalue la capacité à analyser les autres participants tout en donnant une direction possible dans son propre travail. Le désir n'est pas la même chose qu'être envieux, jaloux de l'autre. L'autre doit être une source d'inspiration. J'insiste pour que mes élèves observent et analysent le jeu des autres. Qu'ils s'en inspirent. Même quand ils sont en train de jouer, observer son ou sa partenaire permet d'apprendre, de progresser, de s'adapter, et surtout de jouer avec lui. Cela permet aussi de ne pas rester figé dans sa tête. C'est un moyen de développer son écoute.

- *Écrivez l'impro que vous joueriez seul.*

- *Écrivez l'impro que vous joueriez à deux.*

Ces deux questions qui ont l'air très simples sont là pour interroger nos habitudes, nos endroits refuges et aussi ce que nous aimons jouer. Cette partie reste souvent difficile à remplir, car elle révèle aussi le désir et la qualité de son auteur. Elle peut générer des blocages ou des frustrations. Il devient alors intéressant de revenir sur ces questions lors d'un bilan pour aider à conscientiser son univers de jeu, ainsi que ses routines. Parfois, je vais demander de jouer son impro rêvée. Cela donnera une base de réflexion sur le décalage qu'il existe entre ce que l'on imagine de soi et de ce que l'on joue réellement.

LES ATELIERS

Les ateliers comme espace de recherche

À mes débuts d'enseignant, j'ai commencé par reproduire les ateliers et les stages que j'avais pu recevoir. Manquant d'expérience et de légitimité, je proposais une approche assez rigide et stéréotypée, car mon but était de donner à tous et à toutes le même bagage technique pour pouvoir jouer, de la même manière que celle que j'avais apprise moi-même.

Depuis plusieurs années, j'essaie de donner les outils spécifiques et nécessaires à chacun et chacune, afin de pouvoir développer son ou sa propre artiste, à l'intérieur d'un cadre qui m'intéresse. Chaque projet, chaque groupe, reste, pour moi, un laboratoire de recherche passionnant et parfois déstabilisant, en raison des publics concernés (personnes âgées, personnes en souffrance psychique…).

Nous ne proposons plus d'atelier d'improvisation à proprement parler à la Morsure. Ce sont des ateliers de création qui utilisent l'improvisation à des fins de spectacle. Nous faisons travailler les improvisateurs sur nos pièces. Ainsi, nous les formons à une œuvre et partageons avec eux une nouvelle façon de jouer et d'improviser. Nous développons notre recherche artistique auprès de différents publics que nous fréquentons. Nous formons davantage à notre esthétique qu'à la technique. Pour moi, il est de la responsabilité de l'enseignant, du metteur en scène, d'aider l'improvisateur ou l'improvisatrice à trouver son propre langage. Chaque spectacle de la Morsure propose une nouvelle approche de l'improvisation, une autre façon de jouer. C'est ainsi un moyen pour l'interprète de travailler sur son jeu en profondeur, de le questionner.

Éviter la routine

Donner des stages et des ateliers est un moyen pour les improvisateurs de gagner de l'argent autrement que par la diffusion de spectacles, ce qui reste très difficile en improvisation, comme en théâtre d'ailleurs. C'est souvent leur principale source de revenus. Dans un métier créatif et qui attend des autres qu'ils le soient, le danger principal est l'habitude. Devenir expert et paresseux. Arriver avec des exercices tout prêts, bien rodés, que l'on n'interroge plus. Cela arrive souvent lorsqu'on doit donner beaucoup de cours. On industrialise le process. On développe une boîte à outils. Celle-ci est une liste d'exercices repris ici et là, censée aider à former efficacement les interprètes. Elle se compose souvent d'outils intéressants, mais un marteau et un burin ne font pas un sculpteur. Comme je ne connaissais pas moi-même mon artiste, j'ai aussi transmis ces outils sans en faire grand-chose de réellement intéressant, me déresponsabilisant du résultat. J'entraînais mes élèves à devenir de meilleurs improvisateurs.

Mais pourquoi ? Dans le fond, à quoi ça sert d'être un bon improvisateur ? Pourquoi avoir les meilleurs outils du monde si c'est pour ne rien fabriquer ? J'étais à l'intérieur d'un paradigme qui me déprimait. Comment faire les choses autrement ? Comment se renouveler ? J'avais l'intuition qu'on pouvait faire autre chose de l'improvisation. J'ai mis très longtemps avant de réussir à me décaler, à sortir de la boîte dans laquelle j'étais. Cette nouvelle approche m'a libéré d'un poids, transformant l'espace de la transmission en un espace de création, me redonnant ainsi une place d'artiste.

Le Labo

Il y a quelques années, Marie et moi souhaitions animer un Laboratoire régulier avec des amateurs. J'avais de grandes attentes et je voulais commencer à développer ma propre matière autour de la peur et du fantastique. Mais le groupe était disparate. La plupart des participants s'étaient inscrits un peu par hasard, parce que les autres ateliers étaient complets (ça apprend l'humilité). De plus, c'était un groupe plutôt débutant alors que nous souhaitions travailler avec un groupe avancé. J'ai été très déçu. J'ai regretté de m'être lancé dans cette aventure. Mais finalement, je me suis décidé à utiliser cet espace, à ce pour quoi il avait été pensé et j'ai tenu mes objectifs comme s'il s'agissait d'un groupe avancé. J'ai gardé mon cap. J'ai appliqué malgré tout ma méthode. Je les faisais travailler sur des choses difficiles, mais je donnais à chacun les outils nécessaires pour la séance. Chaque séance partait d'une scène, d'un moteur de jeu que je voulais tester et que je proposais au groupe.

Il y avait deux cas de figure. Soit, la scène était ratée par manque de technique, alors je la corrigeais et je transmettais les outils pour la réussir. Soit, elle proposait quelque chose de décalé de mes attentes, alors je cherchais avec eux les moyens d'aller plus loin dans leur scène. Ceci ouvrait de nouvelles perspectives. En agissant ainsi, on n'a pas à travailler la même chose avec tout le monde : même au sein d'un même groupe. L'expérience ou le niveau ne sont plus pertinents pour ce que je fais aujourd'hui. Je préfère m'appuyer sur le potentiel, le développer, puis combler les défauts techniques qui limitent l'artiste.

Depuis, j'interviens dans les ateliers, comme dans un laboratoire. Cet espace me permet de verbaliser et de trouver de nouvelles idées et concepts, de nouvelles directions de jeu ou d'écriture qui me seront utiles plus tard. J'ai décidé de **ne plus arriver uniquement pour transmettre ce que je sais, mais de découvrir des choses que j'ignore**. Je pense que cela demande une certaine confiance en soi, que d'accepter son ignorance d'un sujet, face à un groupe qui vient pour apprendre. Mais cela permet aussi de faire le point sur ce que l'on croit savoir et développer une approche plus horizontale, basée sur l'intérêt de la recherche, plutôt que sur l'ambiance ou la camaraderie. Chacun et chacune occupe alors une double posture d'apprenant et d'enseignant.

Ce changement de posture est très stimulant pour les élèves, car ils ont une part active dans le processus. Je les considère comme des partenaires dans mes recherches. C'est devenu un endroit nécessaire et enrichissant pour mon travail. J'y adopte une attitude curieuse et enthousiaste. Comme je suis très motivé, j'attends des autres qu'ils le soient aussi, ce qui me pousse à une certaine exigence sur leur investissement... Et vis versa.

La traversée du désert

Les élèves d'impro, en 2e ou 3e année, traversent souvent un désert. Alors qu'ils prenaient du plaisir, avaient des éclairs de génie, de la facilité, ils se mettent à devenir laborieux, se découragent et peuvent perdre de la motivation. Ils se mettent à déjouer et à trop réfléchir. Ils ont acquis les moyens de comprendre ce qu'ils faisaient et augmentent donc leur niveau d'exigence. Hélas, leur regard sur eux étant subjectif, ils se jugent et s'embrouillent souvent de réflexions inutiles, leur faisant perdre leur naturel du début. On ne peut pas faire grand-chose pour eux pendant cette période à part les encourager. Ils doivent assimiler les connaissances et apprendre à réfléchir en jouant sans se juger. Souvent, lorsqu'on se met à déjouer, c'est plutôt un indicateur positif, cela veut dire que l'on progresse. On se transforme en profondeur. Plusieurs aspects peuvent révéler cette étape dans la pratique.

L'inhibition

Je remarque que, pendant nos ateliers ou nos stages, certains improvisateurs s'inhibent. Ils se bloquent. Ils oublient de jouer, d'être joueurs avant d'être acteurs. C'est un aspect récurrent et préoccupant pour moi. C'est un état psychique ponctuel qui s'en va et revient de manière imprévisible. Je n'arrive pas à cerner ce qui déclenche cette sidération. Ils semblent comme déconnectés, à l'arrêt, dissociés, incapables de réagir. J'aimerais comprendre ce qui les bloque. Trop d'idées ? Les consignes sont-elles trop complexes ? Cela reflète un moment d'insécurité assez fort. J'ai l'impression de ne pas pouvoir les rassurer pleinement. J'ai beau essayer, ça ne change pas le problème. Cela raconte que, pour jouer, certaines aptitudes à développer, dont la confiance en soi, auront du mal à progresser en atelier, car elles sont inscrites dans la structure psychique du ou de la participante. On aura beau travailler sur la confiance en son acteur ou actrice, nous ne pourrons pas déstresser la personne. Elle ne tirera pas profit de ses succès. Elle restera sourde et méfiante de nos retours positifs, happée par son abyme.

Ne pouvant travailler sur les causes de ce stress, j'essaie de travailler sur les effets. Je pense qu'il faut alors détourner l'attention du participant et lui faire réinvestir son corps. Il faut lui donner des choses concrètes à faire. On doit le dégager de l'angoisse de la page blanche et du regard qu'il porte sur lui. Il faut que l'acteur soit affairé, qu'il n'ait pas un moment de répit. Il doit se mettre en mouvement, respirer, être souple. Faire des choses ridicules.

Le premier effet visible du stress est l'isolement de l'acteur dans sa tête. Il n'écoute plus, ne réagit plus. Le contraindre à écouter, à réagir en réduisant ses possibilités d'écriture peut être un moyen de débloquer la personne. On peut lui demander de ne plus parler, de développer une partition physique pendant que l'autre raconte. On peut lui demander de simplement réagir par des gimmicks. En somme, il faut canaliser et réduire les aspects du jeu tout en le distrayant de lui-même. Par la suite, il faut que l'acteur soit en mesure de ressentir les signes annonciateurs ou identifier les situations stressantes afin de se relancer en « Mode sans échec ».

L'état de jeu

Progresser et retrouver du plaisir en atelier demande un investissement minimum en énergie. Cela peut paraître parfois hors de portée pour certains ou certaines. Seulement, c'est le seul moyen de sortir du désert. Il faut mettre les bouchées doubles. Se jeter dans le travail. Tout comme pour le stress, il faut faire taire notre saboteur intérieur. Quitte à être mauvais, il faut le faire avec panache. Cela demande une part d'oubli de son ego, mais cela permet de retrouver le plaisir innocent des premières heures. Cela peut paraître laborieux au départ, mais il faut se contraindre à faire plus, à donner plus.

Je qualifierais *cet état de jeu*, de niveau d'énergie minimum pour entrer en scène. C'est l'état de transformation physique qui s'opère au moment de jouer. Une sorte de modification intérieure convoquant notre désir et notre vitalité. Un état modifié de conscience qui nous rend plus grands que nous-mêmes, plus brillants. Pour moi c'est une base quand on souhaite jouer, mais je remarque que beaucoup d'improvisateurs ou d'improvisatrices ont du mal à atteindre cet état. Hélas, ce n'est pas quelque chose qui peut s'apprendre, c'est une aptitude à convoquer soi-même. Pour cela, on doit être au clair avec son désir et sa motivation à être sur scène. Les amateurs arrivent souvent fatigués en atelier, mais l'aptitude à convoquer *son état de jeu* n'est pas liée à l'énergie à proprement parler, elle est liée à la libido. J'entends, par là, une énergie qui sous-tend les instincts de vie. Je pense que c'est ce qui différencie un bon acteur d'un acteur moyen. C'est aussi un rapport au ludique, à l'envie d'en découdre avec soi-même. Retrouver cet état de jeu permet de progresser à nouveau.

Le plaisir

La notion de plaisir est complexe à aborder, car elle est souvent associée à un bien-être immédiat, une sorte de plénitude à atteindre. Cela me pose un problème, à la fin d'un spectacle, qu'on me demande si j'ai pris du plaisir ou si je me suis amusé. Je ne m'amuse pas sur scène, je n'ai pas le temps de savoir si je prends du plaisir... je ressens une forte énergie qui circule, un mouvement chaotique. D'ailleurs je ne sais pas si on peut vraiment en prendre pendant qu'on joue. Cette notion me questionne. Il faudrait la préciser. Chez moi, le plaisir et l'amusement sont des moteurs discrets et laborieux qui nourrissent mon jeu. Sur scène, je suis nourri par ma libido, ma colère, ma frustration, ma tristesse, mais aussi ma joie, mon désir. Mon plaisir est lié à la qualité de ce que je suis en train de fabriquer, à sa puissance et sa complexité. Ce n'est pas un Graal ou une récompense. C'est une émotion complexe et mitigée qui alimente le jeu. Le plaisir ne se suffit pas à lui-même. Quelle importance a-t-il pour le public ? Ce n'est pas ça qui rendra le spectacle meilleur. C'est parce que le spectacle est bon que je vais prendre du plaisir. C'est d'ailleurs pour cette raison que certains improvisateurs vont rester dans une zone de confort rassurante, de satisfaction immédiate, mais stérile. Le plaisir du jeu est lié certainement à cet état de grâce que nous recherchons, mais qui demande un investissement total pour l'atteindre.

L'orgueil

Un autre aspect qui peut faire stagner est l'orgueil. L'orgueil arrive souvent aux élèves doués qui ne veulent pas perdre la face. Alors ils cessent de prendre des risques, restent dans leur zone de confort et deviennent des acteurs médiocres. J'ai un regard plutôt sévère envers les acteurs qui ne veulent pas lâcher leur position ALPHA dans un groupe. Au bout d'un moment, ils peuvent parfois devenir agressifs, voire maltraitants avec les autres. Ils peuvent se sentir dépossédés de quelque chose. L'ego c'est bien d'en avoir pour affirmer son auteur, mais en avoir trop peut empêcher de réussir, par peur de ne pas être à la hauteur de ce qu'on imagine être soi. Le problème est que, pour arriver à sa propre hauteur, il faut accepter de ne pas y être. À un moment, il faut savoir oublier ce que l'on sait et faire confiance. Le problème dans notre démarche c'est qu'il appartient à chacun de créer son propre modèle, sa propre mise en condition. Comment explorer son univers ? Sa personne ? Son acteur ? L'humilité est le début du travail. Ne pas se contenter de l'existant… Cela demande une certaine humilité.

Travailler en dehors du cadre

Il y a quelques années, en 2015 ou 2016, Marie et moi étions allés participer au festival d'improvisation de Berlin, qui était alors, la référence en la matière. J'avais commencé ma dé/reconstruction artistique et personnelle. Il paraît que c'est toujours mieux ailleurs. Les improvisateurs français sont friands et impressionnés par les improvisateurs étrangers comme si c'était un gage de qualité.

Nous avons suivi les stages et assisté aux spectacles. Certains m'ont laissé perplexe, et j'ai eu du mal à cacher ma frustration face à un niveau qui ne correspondait pas à mes attentes. Marie m'a convaincu de rester, d'observer et de continuer, même si je me sentais totalement en décalage. J'entretiens d'ailleurs toujours un rapport compliqué avec les spectacles d'impro. Le manque de travail, l'esbroufe me poussent dans mes retranchements et je peux me sentir très mal pendant une représentation. À cette époque, je ressentais les spectacles comme une agression physique. Je me recroquevillais. J'étais obligé de fermer les yeux, de me boucher les oreilles. Cela m'angoissait beaucoup. J'en voulais aux improvisateurs de proposer des spectacles faciles, sans ambition. Cela peut me reprendre parfois, mais j'arrive mieux à me protéger aujourd'hui, à prendre un peu plus de distance, car au final, ça ne me regarde pas.

Bref, pendant ce stage, je me suis vite rendu compte que ça n'allait pas fonctionner pour moi. Le contenu et la qualité des retours étaient vraiment pauvres. On disait *Lovely* à toutes les fins d'impros ou on me demandait pourquoi j'avais pris ce stage au vu de mon expérience. Je m'ennuyais. Il n'y avait que des débutants et les formatrices ne comprenaient pas ce que j'essayais de faire. Elles me demandaient d'être plus sympa, de dire davantage *oui* aux propositions qui m'étaient faites. Elles me reprenaient alors que, pour moi, c'était l'autre qui faisait n'importe quoi. Je jouais vite. Je décalais. Je me trouvais très bon. Étant moi-même quelqu'un d'assez orgueilleux, j'avais du mal à entendre les retours et j'étais assez peu patient avec mes partenaires. Alors, pour tenir, j'ai changé mon fusil d'épaule. Je me suis dit : « Remets-toi à ta place de stagiaire, écoute les retours et dis oui à tout. Garde ce que tu penses pour toi. Soit à fond. Tu vas jouer le rôle du meilleur stagiaire et trouver ton propre chemin. ». Ça n'a pas changé ma vision de ce qui était enseigné, mais ça a changé beaucoup de choses pour moi à ce moment-là. Depuis, je pense que cette attitude me permet de jouer avec des non-improvisateurs, de les faire travailler, de les mettre en valeur. Je me suis forgé deux préceptes que je continue de m'appliquer et que je transmets.

Si tu n'arrives pas à jouer avec des débutants, c'est que tu n'es pas assez bon

J'ai rencontré pas mal de très bons improvisateurs qui détestaient jouer avec les débutants. J'ai fait partie de ceux-là. Être dans ma propre satisfaction de jouer vite. Jouer avec des bons, c'est bien en spectacle, mais ça fait peu travailler. Ou alors il faut jouer avec meilleur que soi et on en revient à l'humilité dans le travail. Connaître ses forces, ses faiblesses, permet d'identifier ce que l'on a à travailler pour s'améliorer. J'avais été très surpris de découvrir qu'en Aïkido, tout le monde faisait travailler tout le monde, même le Maître. Un débutant, ne maîtrisant aucune des bases, fera davantage travailler un expérimenté, pour réussir à passer une prise, car un débutant ne fera pas ce qui est attendu. Pour moi, c'est la même chose lorsqu'on joue. On doit être encore meilleur, plus à l'écoute, plus souple, plus solide dans ses socles et ses propositions. C'est parce que c'est plus difficile que c'est plus intéressant.

Je remarque en stage ou en atelier que, lorsque certains élèves débutants se lèvent pour aller jouer, ils ne seront rejoints que tardivement, par les élèves sympas, et jamais par d'autres. Au-delà d'un manque de générosité, c'est à mon sens une erreur. Ne vouloir jouer qu'avec les meilleurs peut être lié au fait que le nombre d'improvisations que l'on va jouer pendant la séance est limité. Mais, même si cela s'avère souvent plus gratifiant, cela reste, en fin de compte, moins productif. Les meilleurs improvisateurs sont ceux qui sont capables de briller en rendant tout le monde meilleur. Ils augmentent le niveau de tous ceux qui sont sur scène. Il met ses qualités individuelles au service du spectacle, non pas de lui-même.

Aujourd'hui, après toutes ces années, je pense que les choses primordiales à travailler sont *l'écoute* et *l'engagement*. Écouter c'est développer sa connaissance de soi et de l'autre, son observation, sa capacité à faire de tout, une information que l'on peut inclure dans son impro. **Le partenaire est un mystère.** Il est nécessaire de prendre le temps d'écouter et comprendre ce qu'il dit, ce qu'il veut, comment il joue, comment il construit, son univers, sa capacité à s'adapter. Puis écouter le sous-texte, l'environnement. Si on est à l'écoute, on peut rendre son partenaire meilleur.

L'engagement, c'est rendre le moment important. Être au jeu, à ce que l'on fait. Prendre les choses au sérieux. C'est être présent. C'est accepter de ne pas être poli et d'avoir peut-être les meilleures idées, mais de les mettre au service des autres, quitte à parfois partir seul en tête de peloton. Cette notion ramène aussi à *l'individualisation* dans son rapport au partenaire de jeu. On ne joue pas avec tout le monde de la même façon. Individualiser la relation permet de développer de nouveaux outils pendant l'impro. Cela demande une certaine discipline au début, puis ça devient un automatisme. **Si on joue de la même façon avec tout le monde, c'est qu'on joue seul.** Le niveau *Personne* de la Méta développe cette faculté de curiosité de son partenaire et ainsi de ne plus stéréotyper son jeu.

Nous disons souvent avec Marie que l'on doit faire TRAVAILLER son ou sa partenaire. Il faut être exigeant tout en lui donnant les moyens de jouer avec soi. C'est aux joueurs cadres de s'adapter et de trouver les outils pour pouvoir faire jouer l'autre avec eux.

Si la consigne ne t'intéresse pas, travaille à l'intérieur et crée ta propre consigne

Il n'y a pas de mauvais exercices, mais on doit refuser de s'ennuyer. On doit trouver des solutions pour progresser et se mettre au travail. Il faut refuser l'évidence. C'est une tâche ardue qui démarre par la connaissance de ce qui nous anime et nous ennuie.

Au début des années 2000, Yuri Kinugawa a créé un déclic chez moi. Elle est la première personne qui m'ait fait entrevoir un ailleurs possible avec l'improvisation. Elle nous disait qu'au Japon, quand elle travaillait un nouveau spectacle, elle cherchait une nouvelle façon d'improviser. Ceci est resté très longtemps mystérieux pour moi. Je pressentais que c'était possible, que c'était la direction que je cherchais, mais je ne savais pas comment faire… J'ai mis des années à trouver.

Le *Yuri* est un jeu de déplacement que j'ai justement découvert avec Yuri (d'ailleurs, je ne sais plus comment elle appelait ce jeu). Je ne suis pas sûr que nous l'appliquions comme elle, mais la base est semblable. C'est un exercice de déplacement que nous aimons proposer sur un temps long, entre quinze minutes et une heure. Les 4 règles du *Yuri* sont :

- **Proposer** un déplacement spécifique et répétitif.

- **Imiter / suivre** quelqu'un.

- **Observer** en se mettant sur le côté.

- La quatrième règle, la plus importante, est qu'il est **interdit de s'ennuyer**.

Avec ces quatre règles, on doit tendre vers une œuvre collective, physique et spatiale. J'utilisais cet exercice en particulier comme travail préparatoire au ballet improvisé qui terminait le spectacle *The Party*. C'est un exercice très exigeant et complet. Il fait travailler l'écoute individuelle et du groupe. Comment construire collectivement un espace, tout en étant à l'écoute de soi-même. Comment amplifier, accompagner, développer une proposition ? Comment créer des contrepoints ? Pour moi, cet exercice fait partie des fondamentaux de la Morsure. Il explicite complètement ce que nous cherchons à développer dans notre approche de l'improvisation.

Ne pas s'ennuyer est une composante essentielle pour progresser, car elle oblige à être à l'écoute de soi et rend créatif. Nous disons souvent aux stagiaires qu'ils doivent être mobiles à l'intérieur d'une consigne, d'un exercice d'échauffement. Souvent, les improvisateurs nous disent qu'ils ne savent pas s'ils s'ennuient. Alors, savent-ils s'ils aiment jouer ? Comment travailler à l'intérieur d'une consigne si on ne sait pas qu'on est en train de s'ennuyer ? On sait quand on aime ou pas un exercice, mais sait-on pourquoi ? Si on comprend pourquoi, on sait comment travailler à l'intérieur et retrouver son plaisir de jouer. J'ai perdu ce désir. Je sais combien il est précieux.

Les temps d'attente en atelier sont souvent longs avant de jouer. On peut parfois attendre 30 minutes pour jouer 3 minutes. C'est pour cette raison qu'il est nécessaire de développer sa capacité de projection lorsque les autres jouent. On doit absolument s'imaginer à leur place afin d'être prêt quand ce sera à notre tour de passer. Il faut s'inspirer des autres. Comprendre ce qui fonctionne, ce que l'on aime chez eux et s'en servir soi-même. Travailler dans l'interstice de l'exercice permet de développer sa créativité et de se remettre dans une attitude positive. Pour sortir du désert, il faut travailler davantage. Il faut aller à l'encontre de son ressenti… Ou alors, il est peut-être nécessaire de faire une pause, voire de changer d'enseignant. Parfois, simplement, ça ne colle plus. On peut alors intégrer un nouveau groupe, un nouveau point de vue, se mettre à la danse, au théâtre, au dessin… Quitter est parfois salutaire pour recommencer ailleurs.

Corps engagés, esprit libre

La Méta s'appuie sur les fondamentaux techniques de l'improvisation pour les mettre à nu, mais pour les mettre à nu, encore faut-il les connaître. Quels concepts sont indispensables pour pouvoir improviser librement et en toute autonomie ? Comment, sans canevas préétabli, construire un cadre qui permette à l'action de se développer ? Comment trouver, au cœur de l'imprévu, des points d'ancrage solides qui guident notre jeu et celui des autres ?

La partition invisible

Lors d'une séance de notre atelier amateur, Marie et moi, pour échauffer le groupe, avons lancé une fausse partie de balle au prisonnier sans ballon. Le début était un peu laborieux et imprécis et puis ça s'est mis en place. C'est drôle comme peu de personnes se faisaient toucher, perdaient, contestaient, trichaient. La partie de balle aux prisonniers est, malgré les apparences, un cadre dramaturgique dans lequel on doit vraiment jouer. Être pris soi-même par le jeu dans un espace de création propice au développement de sa propre partition. Il est essentiel d'avoir conscience de ce cadre de jeu, pour pouvoir trouver son propre chemin à l'intérieur de celui-ci.

Être autonome, développer sa partition… C'est une notion que nous développons depuis longtemps, à l'image du « Banquet ». Le contexte du vrai banquet physique est le cadre dramaturgique du spectacle : on mange, on boit, on échange… Il y a une trame principale autour de laquelle on gravite et à laquelle on est rattaché par moments de près ou de loin. Alors, comment développer son autonomie à l'intérieur de ce canevas, en périphérie de la structure principale ? Agir, réagir et jouer, être ludique, participer avec gourmandise, trouver sa place. Le banquet questionne à la fois la place du spectateur, la place que l'on occupe dans une famille, mais aussi la place de chaque acteur dans le spectacle.

Autre exemple : *The Party*, spectacle organique[16] à douze interprètes, qui improvisent en même temps une soirée. Il y a un cadre : la soirée. Une dramaturgie : les étapes de la soirée. Le reste, il faut jouer et trouver sa place. Faire en sorte de ne pas disparaître, car la musique couvre les trois quarts du temps les acteurs. Donc, il faut

---

[16] L'improvisation organique est une approche où les scènes émergent naturellement à partir des interactions entre les acteurs, sans structure préétablie ni contraintes extérieures. Elle favorise l'écoute, la spontanéité et le développement intuitif de la narration, des personnages et de la mise en scène.

vivre en arrière-plan tout en faisant avancer ses propres trames, préciser ses propos, ses enjeux, seul dans la foule. Si l'acteur ne parvient pas à se connecter au spectacle, il reste en périphérie et regarde passer le train devant lui.

Être incarné

Lors de cette séance, je disais au groupe l'importance d'incarner, d'engager le corps. Non pas simplement pour illustrer une idée, mais pour avancer, créer un décalage qui à son tour créera une matière. Mimer une action est un moyen de créer de la matière et de la forme. C'est un outil que j'ai développé dans mes jeunes années et qui est assez instinctif chez moi. Lors de la phase de reconstruction de mon acteur, j'ai absolument souhaité me défaire de cette habitude de jeu que je trouvais idiote, par peur de devenir un vieil improvisateur ringard. Mais ayant retrouvé du plaisir au jeu grâce à la Méta, j'ai essayé de comprendre ce que l'illustration physique pouvait m'apporter aujourd'hui.

Comme j'étais complexé par ma façon de jouer, j'ai beaucoup travaillé l'écriture et la mise en scène, tout en arrêtant le mime. J'ai donc désappris à jouer. Ainsi, durant cette période, j'ai dû compenser et créer d'autres outils que je ne maîtrisais pas. J'avais peur du texte, de l'émotion. J'ai alors travaillé ces aspects. Dans la Méta, je me suis mis à me moquer de mon ancienne façon de jouer, à m'imiter moi-même. Je me caricaturais en train de mimer une échelle ou un mur invisible, à faire le robot ou jouer un écureuil. À force de me moquer de moi, je me suis décomplexé et j'ai repris du plaisir à mimer et progressivement j'ai réintégré le corps à ma nouvelle façon de jouer, ce qui a créé un nouveau style à explorer.

Cela me fait d'ailleurs penser que la Méta, en passant par le niveau Acteur, permet non seulement de révéler son style de jeu au public, mais aussi de créer une connivence, une forme d'attente. Par exemple, lorsque j'utilise le mime en spectacle, je le fais sur deux niveaux : en tant qu'Acteur (je montre que je sais que je mime) et en tant que Personnage (j'illustre par le mime la fiction). Je mets ce style en abyme : je le décris, je le cabotine, je joue avec. Cela crée une complicité avec le public. Les spectateurs, ayant identifié cet outil de jeu, en comprennent les enjeux, et vont espérer me revoir m'en servir à différents moments du spectacle. Ainsi, le mime ou l'action sont intéressants, tout comme le texte, quand ils ne sont pas seulement illustratifs. Ils peuvent se nourrir l'un l'autre, s'ils sont en décalage et non en illustration.

Parmi les différents improvisateurs, je remarque deux grandes familles : les physiques et les cérébraux. Chaque famille rechigne à utiliser les outils de l'autre. Les physiques vont engager fortement le corps, illustrer par le mime, proposer des gags visuels, mais craignent le texte. Leur moteur de jeu étant essentiellement physique, les situations manqueront souvent de complexité ou de narration. Les cérébraux, quant à eux, sembleront prisonniers de leurs corps, illustrant la notion de *talking heads*, un peu comme des étuis PEZ vivants. Ils vont développer leur répondant, leur sens de la construction. Le texte est l'axe principal de leur jeu. Alors qu'ils peuvent sembler complémentaires, ils ont beaucoup de mal à jouer ensemble.

Ne faites pas ce que vous dites
Ne dites pas ce que vous faites.

Commenter ou décrire un mime peut permettre de le rendre plus lisible. Si on s'attache à la qualité de notre texte, cela peut même apporter un décalage. Mais la plupart du temps, engager le corps dans une action qui n'a rien à voir avec son texte ou la situation en cours a plusieurs intérêts. Si mon corps est en avance sur mon esprit, j'aurai quelque chose à jouer ensuite. Je crée une matière physique, une image pour le spectateur, qui pourra m'être utile plus tard. En agissant, je multiplie les points de vue de narration, je donne corps à mon texte et à mon personnage.

La dissociation crée une matière que l'on utilisera plus tard. L'illustration n'apporte rien de nouveau à une proposition. Je ne dis pas qu'elle est inutile, elle ne développe pas de point de vue formel et ne génère que peu de matière exploitable à moyen ou long terme.

J'aime jouer deux choses différentes en même temps, qui plus est sur plusieurs niveaux. **L'espace entre le texte et la mise en scène, c'est la place du spectateur.** Agir pendant ma scène ajoute un sens et permet le mouvement. Le mouvement c'est le déséquilibre. Le déséquilibre nourrit l'imaginaire. J'aurai toujours plus de mal à me sortir d'une panne d'inspiration si je suis statique. Qui plus est, si j'agis, je donne à voir aux spectateurs et je gagne du temps pour réfléchir à la suite. Lorsqu'on est en panne, plutôt que de sidérer, je conseille d'engager le corps, soit dans un déplacement, soit dans une action physique ou une émotion, sans les justifier : créer un *incident incongru*.

Souvent, l'accessoire créé sur le moment n'est qu'un outil au service de la narration. On invente une voiture parce qu'on en a besoin dans notre histoire. Elle ne servira pas à autre chose qu'à l'usage que j'en fais, au moment où je l'utilise. Mais si, en pleine scène de crise de couple, je me mets à ouvrir un tiroir, à le fouiller, sans savoir encore pourquoi… Alors, je crée un décalage, une matière. Quelque chose que ma partenaire ou moi-même pourrons utiliser ensuite. Elle peut m'arrêter, me demander ce que je cherche. Je pourrai alors lui tendre une photo, décider que c'est celle de notre fils, ou encore, lui demander quelque chose qui n'a rien à voir, comme, ce qu'elle a fait de mes lunettes. Ce simple geste ouvre une brèche. Il introduit une attente, une tension. Tout le monde, sur scène comme dans la salle, va attendre de voir ce que ça devient. On a semé quelque chose : un indice, une promesse, un fil à tirer. Je ne sais pas encore ce que j'en ferai, mais il est là. Et parfois, c'est ce genre de geste qui donne de la profondeur à la scène : quelque chose d'ouvert, de vivant, de non résolu. Quelque chose qui reste en veille dans l'espace de jeu.

L'action pour commencer une impro

Il est de tradition dans l'enseignement de l'improvisation de démarrer par une action physique, de mimer quelque chose. Cela peut être intéressant à plusieurs niveaux : cela permet d'engager le corps, cela donne à voir quelque chose au public, cela crée une proposition claire pour le partenaire et, enfin, cela donne le temps de réfléchir. Comme toutes les habitudes, cette pratique a ses limites. Souvent, les actions sont stéréotypées, clichées, déjà vues : on coupe du bois, on fait la vaisselle, on regarde la télé en buvant une bière, on est sur son ordinateur. Ces actions, en raison de leur faible intérêt, installent *un cadre à faible potentiel*. Alors, proposer une action plus originale peut permettre d'installer un socle plus solide. Surtout si cette action est plus spécifique, même si elle peut sembler banale.

Par exemple, plier le linge de ses ados parce qu'on est une famille monoparentale crée un contexte alors que l'action est très banale. On peut imaginer un grand nombre de scènes :

- Une discussion avec ses enfants tyranniques, pour tenter de sortir d'un esclavage domestique.

- Un rendez-vous Tinder pour lequel on doit plier le linge avant de faire l'amour, déplier le canapé et avoir peur que ses enfants rentrent et nous surprennent.

L'action de départ, dans sa banalité, est complexifiée par un contexte plus singulier permettant de se projeter à plus long terme. On se doit donc, lorsque l'on démarre une action, d'en imaginer le contexte et de le complexifier au maximum. On complexifie la proposition aussi par la nature de son mime. Pour reprendre cet exemple, la plupart du temps, lorsqu'on plie du linge, on ne sait pas ce qu'on plie. Mais si on plie des bavoirs, des couches lavables ou des draps, on voit bien que c'est très différent : on génère une matière narrative utilisable par notre imaginaire. On se crée un socle solide.

Souvent, on peut remarquer que les improvisateurs vont quitter leur action à la première occasion pour ne plus jamais y revenir, ni même en reparler, ce qui met en lumière la faiblesse du propos de départ. Étant inconfortable dans leur mime de départ par manque de précision, tout ce qui aura été créé depuis le début sera abandonné purement et simplement pour suivre la proposition du partenaire. Comme vu plus haut, cette matière est aussi de la matière narrative. Il faut l'exploiter. Elle n'est pas moins importante que la matière textuelle. Encore une fois, l'engagement, dès le début de la scène, est indispensable. Il faut tout rendre important. Utiliser ce qui existe déjà permet de développer plutôt que recommencer laborieusement une nouvelle impro.

Cela peut même contrer un manque d'écoute. Un improvisateur qui entre, prend le lead sans tenir compte de la situation que l'on a posée physiquement, ne justifie pas d'abandonner sa proposition, car on se retrouvera sans rien à proposer par la suite. Il vaut mieux continuer son action, se taire, écouter, puis rebondir. Ce n'est pas parce qu'un partenaire manque d'écoute qu'on doit accepter sa proposition et lâcher la nôtre. Au contraire, tenir bon amènera quelque chose de surprenant à l'impro, qui sera assumé et justifié par la suite.

IL N'Y A QUE LE PREMIER PAS QUI COÛTE

Souvent, les débuts d'impro sont indécis. J'entends dire *je laisse venir*. Pour moi, c'est de la paresse ou un manque de courage. On doit s'engager. Ça veut dire accepter sa part d'auteur et décider, être clair, engager l'histoire : être tendus vers la forme. Le théâtre, ça se joue et JOUER C'EST JOUER. Ce n'est pas être au-dessus ou à côté, c'est être partout et surtout dedans. Jouer, c'est s'engager.

Il faut faire en sorte que ce qui sera dit pendant l'impro ne puisse être nié. Chaque réplique doit être une brique indispensable. On ne bavarde pas pour gagner du temps. On décide. On doit en même temps comprendre ce que l'autre propose, être entièrement à l'écoute, au service tout en refusant l'indécision ou le flou. Il faut prendre les devants, créer un déséquilibre qui nous oblige à avancer, à réagir. Ce déséquilibre peut être amené par une première réplique, une action, une émotion. Pour moi, on est tendus vers l'avant, ça me fait penser à quelques mauvais débuts d'impros.

Quand l'impro commence mal

- **Demander à l'autre ce qu'il est en train de faire.** Exemple : « Salut ! Qu'est-ce que tu fais ? Je peux t'aider ? ».

    Un mauvais début pavé de bonnes intentions. On ne sait pas quoi jouer, alors on demande à l'autre ce qu'il fait. Et, comme souvent l'autre est en train de scier du bois, il va dire qu'il scie du bois... N'ayant pas de meilleure idée, ils vont se retrouver à deux à scier du bois, à parler du bois qu'ils scient. Car le vrai problème dans cette situation, c'est d'aller l'aider. C'est une erreur qui écrase tout. Au lieu de nous permettre de créer un contrepoint à la proposition, d'amener une problématique, on va choisir la facilité pour avoir rapidement quelque chose à jouer.

- **Commenter ce que fait l'autre**. Comme personne n'a d'idée, on joue ce qu'il y a, mais ne permet pas de se projeter dans l'impro : « *Tiens ! Tu scies du bois ! C'est bien de scier du bois...* ». Cela ne crée pas de contexte, d'enjeux... Pas de personnages... Rien à part de l'ennui. Et cela reporte le problème, car à un moment il faudra bien prendre une décision.

- **Critiquer ce que fait l'autre**. Non seulement on n'amène rien à l'impro, mais, en plus, on dénigre ce que fait l'autre. Celui-ci cessera donc certainement ce qu'il était en train de faire et on sera bien avancé.

- **Être passif, en attente, ne rien faire.** C'est le fameux *laisser venir*. L'inertie ne crée, ou ne propose rien. Si tout le monde fait pareil, on ne commencera jamais l'improvisation.

- **Jouer une action enfermante.** Dormir, écouter de la musique au casque, être au téléphone. Cela ralentit. Parfois, l'acteur se bouche même les oreilles… Donc, pour l'écoute, ce n'est pas génial.

- **Tout ce qui empêche de communiquer.** Ne pas parler la même langue, être sourd, aveugle, être un extraterrestre, être un animal. Ces propositions amènent toujours, un début confus qui retarde le jeu et l'installation du socle.

- **Diriger l'autre, lui dire quoi faire** : les coachs sportifs, les profs, l'artiste et son modèle, le lieutenant et le troufion… Ce sont souvent de fausses bonnes idées, car on met l'autre dans de mauvaises dispositions au départ, en créant une hiérarchie, imposant au partenaire une certaine passivité. La hiérarchie, ou la direction de l'autre (statuts) est intéressante quand on aide son partenaire à développer sa propre partition ou que celui-ci soit en mesure de développer son espace de transgression. Celui-ci pourra alors nourrir par la suite la proposition.

Diriger l'autre pour lui faire faire des pompes, ça ne va pas amener grand-chose. Non seulement notre idée n'est pas géniale, mais, en plus, on oblige l'autre à la suivre. De plus, on utilise le TU durant tout le début de l'impro. On oblige l'autre à faire des choses, le privant ainsi d'initiative ou de possibilité d'apporter réellement de nouveaux éléments tout en ne développant pas notre propre personnage. Ainsi, quand le coach sera à court d'inspiration, on entrera dans un trou d'air, où personne ne sera en possibilité de relancer l'improvisation. Il faudra alors créer un enjeu, jusqu'ici absent.

Les mauvais débuts ne manquent pas... La liste n'est pas exhaustive... Le groupe de musique en mime me revient à l'esprit. Comment se dire que ça peut être intéressant de mimer des instruments de musique alors qu'aucun son ne sort et qu'on ne peut rien dire d'intéressant ?

Je préconise toujours l'emploi du JE en début d'impro. Commencer avec le TU, impose et construit l'autre personnage. On limite ainsi ses possibilités. Si JE me définis en début d'impro, l'autre pourra librement se positionner et ainsi nous aider à bien démarrer. Le TU réduit et ne construit que pour le partenaire, en limitant ses possibilités à ce qu'on lui propose d'être ou de faire. **Le JE ouvre le JEU.** Il permet d'être autonome, car, si l'autre n'a pas d'idée, au moins il peut nous suivre, alors qu'avec le TU, si l'autre n'a pas d'idée, on n'aura rien construit pour soi et on aura tous les deux un problème.

Alors, comment s'en sortir ? Il faut se réinscrire en tant que sujet, ne pas subir, que ce soit en Méta ou en fiction.

Sortir de l'impasse

Nous avons travaillé avec Cécile et Romain lors d'un labo Méta. L'objectif premier est de les familiariser à la Méta avant de jouer avec eux. Ils ont tous deux des profils très différents. Romain a un parcours de comédien professionnel : école du TNB, textes. Cécile est plus intuitive et à un imaginaire fictionnel très fort. Elle est autrice de théâtre et de romans.

Romain et Cécile commencent une première impro dans laquelle Romain est le coach de gym de Cécile. Romain est organique, il aime faire. Il va surtout réagir et instinctivement compléter avec le *oui et en plus*. Le *oui et*, est un principe fondamental de l'improvisation, invitant à toujours accepter les propositions et à les enrichir. Mais Romain est moins à l'aise pour démarrer les impros. Il tombe dans l'écueil du coach : diriger l'autre parce qu'il ne sait pas quoi faire lui-même.

Normalement, c'est un mauvais début, car on ne définit rien à part l'action. Et, en plus, on empêche l'autre de proposer, en lui demandant de faire quelque chose qu'il ne peut pas vraiment développer. Cela offre une image souvent brouillonne. Pour que cette impro décolle, il faut un enjeu et un cadre fictionnel. Pour ce faire, l'action initiale sera souvent abandonnée et on passera ensuite à un enjeu relationnel. D'ailleurs, on peut remarquer que

90 % du temps (source INSEE), l'action de départ sera abandonnée par celui ou celle qui l'a proposé. Soit parce que c'était un prétexte, un tic de jeu en début d'impro, soit parce que personne ne va développer cette proposition, par manque d'écoute et par peur du vide. Alors **qu'une action est une proposition, au même titre qu'un texte ou un déplacement.**

À la différence de ce qu'on a l'habitude de voir, Cécile et Romain ont développé le socle tout en continuant à faire les acrobaties qu'ils avaient commencées au début de l'impro. Celle-ci a pris une direction inattendue quand Cécile a commencé à utiliser la Méta pour lui dire ce qu'elle aurait aimé jouer et comment elle se sentait dans la situation. Son texte Méta est devenu un texte de théâtre et l'impro a pris une réelle dimension artistique. Ici, c'est la révolte positive qui a sauvé l'impro. Ne pas subir, le dire, ne pas s'oublier soi. Si on s'ennuie, il y a des chances qu'on ne soit pas les seuls.

Puis, ils ont enchaîné avec une autre improvisation : le peintre et son modèle. Pour moi, c'est une variante du coach avec un peu plus de possibilités de s'en sortir, mais avec une contrainte d'action forte pour les deux : le peintre doit mimer l'action de peindre un tableau, et le modèle, le plus souvent féminin, doit tenir une pose inconfortable et se taire. Cécile les a libérés avec sa première réplique Méta et fictionnelle : « je ne suis pas à l'aise de me retrouver dans un archétype du Patriarcat. » S'en est suivi une scène où Romain, tout en conservant son personnage, a fait parler son acteur et a mis en place, AVEC Cécile, une scène où il l'agressait sexuellement. Le fait de décrire la situation d'agression, tout en continuant de faire des acrobaties, a permis de jouer une scène percutante tout en étant sûr que sa partenaire était consentante, rendant ainsi la scène accessible au public. Ils ont ainsi pu, tous deux, proposer une scène ambiguë et violente, recouverte d'un *voile de pudeur*.

Refuser l'évidence

Lorsque les improvisateurs commencent à jouer, ils vont souvent avoir le réflexe d'aller au plus évident. « Aller à l'instinct », « Il faut aimer sa première idée »... Alors oui et non. Il faut valoriser sa première idée, très certainement, mais ce concept peut être mal interprété. Cela peut entraîner une certaine facilité et donner lieu à des dérapages liés à l'injonction de faire rire le public. Cela peut amener de la politesse, de la lenteur, de la paresse et surtout des impros faibles en termes de fond et forme. On peut retomber aisément dans des schémas préétablis, qu'ils soient dans le jeu, les situations, le propos ou même la forme du texte. On risque de poser un socle situationnel ou relationnel simple qu'on complétera le plus souvent de manière logique.

Exemple 1

> A : *fait la cuisine*.
>
> B : « Qu'est-ce qu'on mange ce soir chéri·e ? » (je mets le e en inclusif, mais c'est quand même quasi toujours chériE)

On remarque qu'il y a bien un socle simple et logique qui se tient. Action = cuisine, lieu = cuisine, relation = couple. On remarque aussi que la première réplique amène la relation. Elle éclaire donc ce point, mais en dehors de ça, rien de plus. Pas de surprise... On peut dire que c'est bien mal parti pour être une bonne impro pas intéressante. Que va-t-il se passer dans cette scène ?

Exemple 2

> A : J'ai fait des pâtes.
> B : Encore !

J'avais prévenu qu'on aurait une impro vraiment pas intéressante. De plus, nous avons de très fortes chances que cette scène tourne au conflit et à la séparation du couple. Pourquoi ? Parce que c'est la chose la plus logique à jouer dans cette situation. Un enjeu est nécessaire et l'impro est mal partie. Cette façon d'écrire est au final à faible potentiel, car elle ne peut avoir qu'un développement laborieux et convenu. C'est un archétype. Pour s'en sortir, au moment où les improvisateurs auront remarqué qu'ils s'ennuient et que le public s'ennuie, ils vont se réfugier derrière la chose la plus facile et agréable à jouer : la dispute.

J'ai remarqué que, lorsqu'un conflit arrive tôt dans une scène, soit la scène est très courte si le temps de l'impro n'est pas contraint ou il retombe comme un soufflé, car il y a toujours quelqu'un qui cherchera à calmer le jeu. On va trouver un médiateur qui va tuer l'impro et la faire revenir au point de départ. Pourquoi ? Parce que, d'abord, *ce n'est pas bien de se disputer*. Ça crée des *émotions négatives* et l'impro c'est *moral et tout public*. J'emploie un ton sarcastique, mais les improvisateurs restent souvent réticents à l'idée d'aborder la violence physique ou verbale, oubliant que nous faisons du théâtre. Aller au plus profond de la dispute est le seul moyen de la faire exister, ainsi la rendre importante et en faire un évènement fondateur dans notre improvisation.

Ensuite, la dispute a un plafond de verre qui est très difficile à dépasser sans stylisation. C'est-à-dire, un parti-pris d'écriture ou de mise en scène permettant de dépasser la forme réaliste, et c'est autrement plus compliqué à créer quand on est dans une impro paresseuse. **Il est donc essentiel que le conflit se développe pour nous amener ailleurs.** Il doit permettre de révéler et ouvrir la scène. Il ne doit jamais ramener à l'état initial. Il doit être important, quitte à détruire la relation.

Exemple 3

> A. *Cuisine et se brûle.*
>
> B : Au secours ! Les pompiers ! Les urgences !

D'ici à ce que la femme soit enceinte, on va avoir droit à un accouchement avec un acteur qui pensera avoir inventé le fait de représenter un bébé sortant de l'entrejambe de sa partenaire de jeu. D'ailleurs, dans ce chaos, la femme est souvent objectivée et n'a plus son mot à dire après la naissance du magnifique bambin, qui est toujours un homme, dans les bras du papa, sous le regard attendri du médecin, lui aussi un homme, car les femmes médecins, ça n'existe pas alors que les infirmières sont tellement désirables.

On voit bien la limite du concept. Cette rupture s'appuie sur la création d'une urgence, qui relance l'impro, mais abandonne tout ce qui a été mis en place avant. Hélas, ce genre d'impro « burlesque », « originale et farfelue » reste fréquente. C'est encore une fois une improvisation qui se nourrit de sa propre tradition. Cette impro est essentiellement motivée par le besoin de retourner en territoire connu pour obtenir ce rire rassurant et approbateur d'un public caricatural.

Exemple 4

> A : Mes parents débarquent dans 5 minutes ! Tu as oublié ! Ce n'est pas possible !

> Conflit + Vaudeville = régal.

Dans tous ces exemples, la situation initiale ne sert que de prétexte et à gagner du temps pour la suite. Le socle mis en place sera le plus souvent abandonné. Même si toutes ces impros peuvent être drôles, dès les deux premières répliques, on sait déjà ce qu'il va arriver.

Exemple 5

> A : J'ai fait des pâtes !

> B : *se sert ses pâtes, s'assoit et dit* : « j'ai envie d'avoir un enfant… Mais avec toi, ce n'est pas possible… ».

Pourquoi la réplique de B est-elle intéressante ? Parce qu'elle inscrit une rupture, une surprise dans la scène. « *j'ai envie d'avoir un enfant…* » amène une problématique décalée avec le contexte. Un premier élément à traiter. « Mais avec toi, ce n'est pas possible… » apporte de la complexité, un deuxième sujet à traiter. Pourquoi est-ce que ça n'est pas possible ? Une réplique courte, chargée, à fort potentiel. Celle-ci permet de vivre un moment profond pour le couple, qui s'aime et n'y arrive plus. Cela réoriente le conflit vers un endroit calme et triste, une nouvelle direction.

Fragments croisés

Cela peut sembler contre-intuitif, mais *dissociation égale fusion*. J'aime que le texte ne soit pas forcément en relation avec la mise en scène. Je trouve que la dissociation fait émerger le sens et redonne sa place aux spectateurs en les obligeant à rester actifs. Je dis souvent que *l'espace entre le texte et la mise en scène est la place du spectateur*.

Jouer sur un seul niveau ne m'intéresse pas. Cela donne souvent des scènes prévisibles qui ennuient le public. Ces scènes peuvent paraître étranges, mais l'art doit-il être confortable ? La dissociation met en lumière le processus créatif, car les interprètes cherchent une forme, révélant ainsi leur intelligence et leurs limites à travers l'œuvre. Cette tentative de proposer une forme complexe en direct, crée une curiosité qui peut révéler ce que l'on cherche à voir ou à vivre : *un état de grâce*.

Les mondes parallèles

Après avoir travaillé sur la peur, j'ai entamé une phase sur l'écriture onirique et le cauchemar. Lors de cette nouvelle recherche, j'ai développé un exercice que j'ai adapté à chaque groupe que j'encadrais. Comme les échauffements m'ennuient, j'essaie toujours de travailler sur des principes, des moteurs de jeu ou des scènes collectives qui m'intéressent. J'aime essayer des choses, construire et développer les jeux pendant qu'ils se déroulent.

Comment jouer ensemble tout en étant dans des réalités séparées ? Cela demande de former les acteurs à un jeu dissocié. Rester concentré sur sa propre réalité tout en incluant d'autres acteurs qui sont eux-mêmes dans la leur. Par ce procédé, je travaille sur la fracture, la rupture et la folie. Je cherche la limite de la narration. Jusqu'où le public peut-il suivre une scène chaotique. Comment entrer et sortir d'une scène d'une manière complexe ? Comment déconstruire et reconstruire son texte dans une improvisation ? C'est en même temps un travail sur le jeu, l'écoute et l'écriture. Pour continuer d'explorer ces questions, j'imagine des exercices dont j'ai une intuition de réponse. Je me dis que c'est possible, j'imagine donc des process, pour à la fois, mieux définir la question, et trouver un moyen de réaliser ce que je cherche.

Lors d'une séance, j'ai divisé la salle en quatre zones distinctes. Les acteurs doivent circuler à travers ces espaces et attribuer mentalement, à chaque zone, un lieu spécifique (salle de bain, cuisine, etc.). Ensuite, chaque acteur incarne un personnage et une situation dans la zone de son choix. Par exemple, pour le joueur 1, une zone peut être une cuisine, tandis qu'une autre pourrait être dans un parc, et ainsi de suite. Chaque acteur évolue dans sa zone et entame une improvisation. Cependant, toute personne qui pénètre dans sa zone devient un personnage de sa scène, nécessitant une interaction. Le joueur doit s'adresser à ces personnages et écouter leurs réponses. Cependant, chaque acteur dans la même zone joue sa propre scène, détermine ses propres espaces et progresse dans son propre scénario. Ainsi, chacun devient un personnage de l'histoire de l'autre tout en demeurant dans sa propre trame narrative. Les dialogues échangés ne correspondent pas nécessairement à ce que le joueur entend. Ainsi, le joueur 1 se trouve dans une cuisine en conversation avec la joueuse 2, qui, elle, est dans un parc. Chacun évolue dans sa propre réalité. Le joueur 1 a décidé que la joueuse 2 est sa sœur, l'aidant à préparer un gâteau, alors que la joueuse 2 a décidé que le joueur 1 est son père qui lui doit 500 euros.

Cet exercice vise à travailler sur la dissociation de l'écoute. L'acteur perçoit, mais le personnage entend quelque chose de différent. Bien que les deux acteurs partagent la même zone, leurs personnages évoluent dans des réalités distinctes. L'objectif est de faire coexister plusieurs réalités de personnages pour développer un langage onirique. Cela revient un peu à jouer avec un ghost, mais en prenant en compte un autre acteur, l'écouter parler, interagir, mais refuser ses propositions. On, l'écoute, on le regarde, mais notre personnage n'entend que ce qu'il souhaite dans sa propre réalité.

Ensuite, j'ai fait évoluer l'exercice en leur demandant de *phaser*, c'est-à-dire, retrouver progressivement l'autre afin de tendre vers une réalité commune, comme un fondu enchaîné au cinéma. Cela demande de déstructurer petit à petit le dialogue pour finalement se retrouver.

J'ai peaufiné le concept de la manière suivante : dans une zone, nous avons trois improvisations distinctes, puis nous passons à une seule de ces réalités où chaque acteur est au service de la réalité de l'un des trois, suivi du retour des trois réalités, pour ensuite se concentrer à nouveau sur la réalité d'un autre personnage. Enfin, je leur ai demandé de préparer une scène basée sur ce qu'ils venaient de faire, en appliquant ces principes de jeu.

Rejouer des impros

Aussi surprenant que cela puisse paraître, je fais régulièrement rejouer des impros. Après les avoir débriefées, je donne plusieurs directions précises, des axes de jeu ou encore une trame qui va permettre aux interprètes de développer leurs points forts, tout en annulant leurs erreurs. Ainsi, ils peuvent se corriger et entrent dans une démarche positive leur permettant de relativiser les échecs. Cela leur offre aussi une opportunité de préciser les moteurs de jeu, les enjeux : refaire pour assimiler. **Car on ne travaille pas pour** l'improvisation qui vient d'être jouée, on travaille pour celle d'après. On travaille pour réduire le spectre entre l'échec et le succès. Affiner son propos au fur et à mesure pour être prêt plus tard. Faire entrer des routines, des habitudes de jeu qui vont permettre, paradoxalement, de se renouveler, déconstruire en prenant des risques.

Dans les ateliers, face à des consignes complexes, les élèves peuvent se sentir dans un inconfort qui les amène souvent à sous-jouer. Leur état de jeu est insuffisant. Le cérébral est trop fort. Le fait de recommencer permet de garder la structure créée et de *pousser les curseurs de jeu* : émotion, action, déplacement, texte... Cela permet de déséquilibrer les rôles, de donner du dynamisme et de pousser la scène à sa limite. C'est comme monter le volume à fond d'un seul coup. Enfin, cela donne une issue concrète au débrief et un moyen pour l'improvisateur d'expérimenter directement les solutions que je lui propose.

La direction en direct

Je remarque à quel point il faut insister sur la notion d'écoute. Alors que c'est la notion la plus importante pour improviser, c'est la première à être mise à mal pendant le jeu. Chacun étant toujours plus préoccupé par sa propre insécurité que par celle de la scène ou de ses partenaires. Ainsi, même dans un cadre dramaturgique établi, il est nécessaire d'ouvrir les horizons et agrandir sa zone d'écoute. Pendant les impros, les acteurs s'isolent souvent intellectuellement. Ils écoutent mal ou pas assez. Chacun s'affaire à sa tâche. J'interviens alors pour créer des ruptures, des moments de silence qui permettent de valoriser la partition d'un des interprètes. Comme un solo dans un orchestre. Les autres doivent écouter. Être tendus vers leurs partenaires et avoir le souci de valoriser leurs partitions, surtout si elle est mineure. Lorsqu'un personnage en jeu mineur depuis le début de la scène prend la parole, il est indispensable de se taire, de l'écouter, de l'aider à créer son moment, à le rendre important. Tout le monde en bénéficie.

Pendant une scène de chaos. Les trois interprètes étaient chacun dans leur partition. Zoé et Souhil avaient une partition physique et textuelle assez imposante. Souhil, dans un registre absurde, admirait ses nouvelles toilettes, Zoé réfléchissait à l'achat de son premier canapé et Bérengère était en retrait, à jardin, les observant avec gravité et tristesse. Elle a pris la parole dans un registre dramatique et sincère qui créait une rupture radicale avec le jeu burlesque des deux autres. Elle accusait ses frères et sœurs d'ignorer le coma de leur mère, et d'être la seule à s'en préoccuper. Ils l'ont à peine laissé finir qu'ils sont repartis dans leur histoire.

Je les ai donc arrêtés et je leur ai demandé de l'écouter. La partition de Bérengère a alors pris une densité, uniquement portée par le silence et l'immobilité de ses partenaires. Au moment où j'ai demandé à Souhil et Zoé de reprendre leur scène, cela a créé une grande étrangeté. Comme si les autres ne voulaient pas entendre et retournaient dans leurs préoccupations quotidiennes dans un chaos organique. Sentir le rythme de la scène fait partie intégrante de l'écoute.

Puis, dans le système mis en place, je leur ai demandé d'intégrer la réalité de Zoé, ado achetant son premier canapé. La transition s'est faite comme dans un rêve, il était impossible de savoir quand ou comment c'était arrivé. La scène s'est imposée à nous, d'un seul coup. Nous faisant oublier la folie du chaos, ou le drame du monologue de Bérengère. C'est l'engagement et la conviction de chaque acteur pour défendre sa scène qui a permis de rendre crédibles cette folie et notre capacité de spectateur de passer d'une histoire à l'autre sans nous en rendre compte, sans que rien ne soit justifié.

Ce sont des éléments symboliques que je n'anticipe pas. Ils s'imposent d'eux-mêmes sur scène. C'est un espace subjectif pour le spectateur. Ainsi, ce n'est pas forcément le jeu naturaliste qui donnera un sentiment de réel et provoquera une identification. C'est la complexité et la multiplication des niveaux de jeu et d'écriture.

Librement inspiré

Bien qu'en art contemporain, la question du plagiat, de la copie, ait été explorée pendant des décennies, créant par là même des mouvements et des œuvres originales, le milieu de l'improvisation continue d'emprunter, tout ce qui lui plaît chez les autres : exercices, formats de spectacles... sans que le sens même de ces emprunts ne soit jamais réellement questionné.

La propriété intellectuelle est un concept quasi absent de ce milieu. Ceci vient en partie du fait, je crois, qu'étant un art oral, l'idée est répandue que, rien n'appartient à personne et que, comme tout le monde est auteur... Alors, personne ne l'est. Je crois que c'est le reflet d'un certain complexe, voire un tabou, à se considérer comme artiste. Par exemple, la plupart des pièces improvisées ne sont pas déposées à la SACD (Société des Auteurs et Compositeurs Dramatiques), à part le match d'impro, je crois. Que peut-on penser de cela ? Peut-être que l'impro n'est pas du théâtre, que ce ne sont pas des pièces

Aujourd'hui, n'évoluant plus uniquement dans le milieu de l'improvisation, cette question est beaucoup moins obsessionnelle chez moi, mais reste un sujet d'étude intéressant à interroger.

Cette question est d'autant plus complexe, que, lors des stages, nous dispensons une matière intellectuelle que les stagiaires ont payée pour recevoir. Souvent dans l'objectif d'enrichir leur jeu, mais aussi de trouver de nouveaux outils ou formats de spectacles à rapporter chez eux, dans leurs propres troupes. Alors, qu'ont-ils acheté durant leur formation ? L'idée est globalement répandue, dans le milieu de l'improvisation, que tout appartient à tout le monde, puisqu'on ne sait pas vraiment d'où proviennent les exercices. Il est donc difficile, de partager le fait que ce qui est transmis en stage n'est pas du *Take away*, mais un moyen d'enrichir son propre artiste, sa propre réflexion, afin de développer ses propres créations. Pour ma part, au minimum, je cite les sources de mes emprunts (comme Yuri par exemple), ça me paraît être la moindre des choses, même si cela ne me semble toujours pas totalement satisfaisant.

Plagiat / Influence / Création

Et si copier n'était pas tricher ? Ce laboratoire s'attaque à une zone trouble du processus créatif : celle où l'on s'inspire sans citer, où l'on déforme sans trahir, où l'on s'approprie jusqu'à brouiller les pistes. Entre fausse imitation et vraie digestion, nous avons exploré ce que signifie plagier : les autres, puis soi-même. Comment ce geste, s'il est assumé et transformé, peut devenir une étape féconde vers une création personnelle ?

Nous avons décidé d'aborder cette thématique pendant l'un de nos labos centrés sur le processus créatif. Nous devions être 4, nous fûmes 2. Alors, n'ayant pu faire ce qui était prévu, nous avons, avec Marie, joué des impros Méta de 10 minutes, non-stop, en relais pendant 2 h. Chacun essayant de plagier l'autre à tour de rôle. Cette séquence nous a amenés à un certain état de lâcher-prise intéressant. Cela avait donné une matière curieuse qui se polluait, se répondait. Mais nous avions l'impression d'avoir seulement effleuré le sujet.

Alors, le labo suivant, je décidais de retravailler ce thème différemment. Marie m'avait proposé la veille de m'observer alors que je dirigerai ce labo. J'ai trouvé l'idée amusante et intéressante, alors je lui ai proposé de faire la même chose quand ce serait le tour de son labo le lendemain. Marie a toujours des idées qui décalent la forme et le fond dans le travail. J'ai toujours tendance à accepter en première intention. Ses propositions vont créer une matière neuve, assez loin de moi, dans laquelle je vais pouvoir m'inscrire et développer mon propre processus créatif.

Marie devait donc observer mon processus créatif alors que je dirigeais l'exercice. Cette fois, nous étions quatre, et nous avions trois heures. Christelle et Bérengère étaient les cobayes.

Je commençais par introduire rapidement le sujet :

> *Le plagiat est le sujet du Labo : réaliser, non pas un travail de faussaire, mais un travail de plagieur. Copier la substantifique moelle d'une œuvre sans que l'on puisse vraiment crier au scandale alors que c'est la même chose.*

Imiter une œuvre ne va pas être intéressant. Le plagiat c'est l'art des voleurs. Copier quelque chose sans que cela se remarque. On reconnaît, mais on ne peut pas dire que ce soit vraiment la même chose. On décale la forme, juste ce qu'il faut pour ne pas se faire attaquer. Quand le faussaire cherche la copie parfaite, le plagieur cherche à s'approprier la singularité de l'œuvre. Un travail habile et compliqué.

Copier, sentir l'arnaque, identifier la substantifique moelle. La difficulté est de devoir dépouiller, désosser l'œuvre et la remonter différemment. On doit être capable de reconnaître l'original, mais pas directement. En stand-up, on connaît le cas « Copy Comic » avec Gad Elmaleh, entre autres. En musique, c'est assez courant aussi. On reprend une partie de la mélodie ou des paroles.

Mais au théâtre ? Il est nécessaire d'analyser le processus, le fond, la forme... De le reproduire soit en décalant un des points de vue (fond, forme), soit en essayant d'aller plus loin qu'*à la manière de*. Car on ne doit pas se faire prendre. Ce n'est pas non plus une *citation*, car la citation est un hommage qui nomme l'auteur original et ne cherche pas à cacher sa filiation. C'est encore différent de l'inspiration. Je me suis aussi posé la question à mon propre sujet, car je peux puiser mon inspiration d'une œuvre existante. Mais je crois que la différence réside dans le processus créatif et la transformation, puis la perte complète de l'œuvre inspiratrice pour créer, à la fin, une œuvre autonome. S'inspirer, c'est poser la question autrement, développer une approche personnelle. C'est finalement décaler, renouveler le fond et la forme. Le plagieur s'approprie. Il cherche la reconnaissance, la pérennité de l'idée originale.

Je pense que ce sujet interroge directement le processus créatif. *Se mettre à la place de. Devenir l'autre.* (Ce qui en soi est aussi le thème d'un autre labo)

Phase 1 : seules – préparer une courte performance sur le thème du plagiat pendant 20 minutes.

Créer une œuvre personnelle, qui copie une œuvre de son choix. La copier en espérant ne pas se faire prendre.

- Est-ce que le thème est trop ouvert ? Christèle et Bérengère sont toutes les deux perdues. Pour traiter ce sujet, il faut, je pense, être assez au fait de son propre processus créatif.

- Est-ce que plagier est un symptôme de la spécularité ? Est-ce qu'on plagie pour trouver son propre ego ? Mieux vaut-il voler que de ne rien créer ?

- Le choix de l'œuvre à plagier est très complexe. Le sujet est vraiment compliqué. Comment plagier

- et ne pas s'inspirer. Qui plus est sur un temps court.

- 20 minutes de préparation. J'aime bien. C'est très court et suffisamment long pour une première phase.

- Qu'est-ce que j'aurais fait moi ? Je me pose toujours la question. Je démarre mon processus créatif : je serais parti sur un monologue. Je pensais à Shakespeare ou à Tchekhov… Mais je repense à l'introduction des *carnets du sous-sol* de Dostoïevski. Je l'aurais relu. Remis en mot… C'est connu sans trop l'être. Ça peut passer.

- Ça me fait penser à Chat GPT qui peut reformuler… J'aurais peut-être utilisé Chat GPT pour reformuler. C'est actuel.

- Mais alors, quand commence-t-on à considérer qu'une œuvre existe ? Est-ce que la forme c'est l'œuvre ou est-ce déjà l'idée ? Le fond est-il dissociable de la forme ?

Phase 2 : Plagier le plagiat de l'autre
Prépa 20 minutes.

Le but caché, en tout cas, ce que je cherche, c'est de commencer à décaler la proposition initiale pour la ramener dans son giron. On va passer du plagiat pur à quelque chose qui va davantage être *l'influence*. On passe à la deuxième digestion. La matière commence à se transformer davantage. Si on travaillait en peinture, on commencerait à passer du réalisme au cubisme ou à l'abstraction. La difficulté reste malgré tout d'essayer de respecter la contrainte. Qu'est-ce que je garde de l'œuvre qui m'a été proposée ? Comment est-il possible de plagier à ce moment-là ?

Phase 3 : Plagier son propre plagiat. Comment se plagier soi-même ? Prépa 20 minutes.

Mon idée est de créer une forme nouvelle, qui nous ressemble à partir de l'exercice précédent. En plagiant l'autre, on passe son œuvre au prisme de sa propre sensibilité. On a déjà commencé à se rapprocher de soi et de sa créativité.

Pour cela, il faut être clair avec son artiste. C'est un travail conceptuel. Qu'est-ce qui me définit en tant qu'artiste ? Comment peut-on identifier mon travail ? Comment en parler ? Tous les artistes ne savent pas forcément parler de leur travail. Certains sont très instinctifs et sont plus à l'aise dans l'action. Je me rends compte que c'est un exercice qui risque de poser problème. Marie et moi sommes très conceptuels et analytiques. D'où cette façon d'aborder le labo.

Bérengère commence :

Elle commence en expliquant son processus. C'est marrant, ça donne une espèce de soliloque, mélangeant les explications à une forme. Un questionnement entre présence et absence. Elle a enregistré le texte d'un auteur sur son téléphone, qu'elle diffuse en sortant de scène. Le plagiat c'est la disparition ? Je suis curieux de savoir si elle avait tout prévu. Par contre, pour moi, il s'agit plus d'une citation, car le texte enregistré existe toujours.

Christelle Plagie Bérengère

Elle a du mal avec la contrainte du temps pour travailler. Inachevé.

- Pas de forme en dehors du soliloque.
- Introduction.
- Forme-conférence.
- Pour qu'il y ait plagiat, il faut une œuvre.

Changer de braquet

Et puis, Marie me demande de diriger davantage, d'utiliser l'écriture à la volée, la mise en scène en direct comme je la pratique à la Morsure. À ce moment-là, je suis déstabilisé. Je sens que cela m'agresse, car je suis moi-même dans mon processus créatif de labo, c'est-à-dire, d'observation, d'analyse et d'écriture. Et je n'ai pas envie de faire ça. Je comprends que Marie a moins de choses à observer, mais à ce moment-là, ce qui m'intéresse, c'est de voir comment les comédiennes pensent ou créent. Réfléchir. Comprendre.

Marie étant mon observatrice, je me sens un peu obligé d'accepter sa demande. Encore une fois, malgré les apparences, c'est mon côté soumis à l'autorité qui ressort. Elle précise que c'est ce qu'elle attendait de moi : voir mon processus créatif pendant que je dirige. Ça rajoute une petite couche à ma névrose. Ce n'est pas vraiment ce que j'avais envie de faire. J'avais simplement envie d'observer leur processus créatif alors qu'elles étaient en train de fabriquer quelque chose. Je voulais nourrir ma réflexion, les voir dans le marécage et non pas les diriger. Je ne me sens pas bien à cet instant. Je retrouve mes blocages quant au fait d'être dirigé et de chercher toujours une porte de sortie dans les contraintes afin de me sentir mieux. Je me tends. Je me sens attaqué. Le processus créatif est chez moi un endroit de l'intime absolu et extrêmement protégé. Je suis dans une zone de sidération qui m'empêche de grogner. Je ne suis pas tout à fait dos au mur. J'ai confiance en Marie.

J'essaie malgré tout d'intégrer sa demande. Je vais trouver un moyen, un nouveau chemin, une nouvelle porte de sortie. Évidemment, ça m'énerve un peu. Ça m'embête de me soumettre à cette demande, mais cela faisait partie de la contrainte. Je me demande si j'ai bien écouté ce qu'elle m'a demandé au départ ou si j'ai simplement fait ce que j'avais envie de faire… Certainement les deux… Je le fais un peu à contrecœur et, comme je n'étais pas du tout dans cet état d'esprit, j'ai du mal à m'y mettre. Ce n'est pas du tout le même mécanisme. Pour diriger, il faut prendre part à la création, être avec, en empathie. Alors que j'étais plutôt tranquillement installé dans mon for intérieur à réfléchir. En même temps, je comprends que, pour Marie, il est plus intéressant d'observer un créateur qu'un observateur. Que dire d'un observateur ?

Alors, je me mets à diriger. Dans mes directions, j'ai décidé de laisser certaines choses de côté. Étant peu inspiré du fait de mon absence, j'ai donné, à partir de mes notes, quelque chose de flou dont je n'étais pas certain. Trouver la bonne idée au bon moment est quelque chose que je rencontre souvent quand je fais des mises en scène. Prouver. Gagner la confiance des acteurs. C'est un point central en atelier.

Quand je donne un stage, je me sens toujours assez insécurisé au début. Les participants ont payé, ils attendent quelque chose. Il faut répondre. Avec l'expérience et la confiance en moi, j'ai moins le trac, mais il est quand même indispensable de sécuriser tout le monde. Il faut pouvoir convoquer son processus créatif quand on en a besoin. C'est quelque chose que je sais faire. C'est une disposition particulière, comme changer de braquet. Ça demande une tension très forte vers l'œuvre qui se crée. C'est être avec, dedans et au-dessus… Comme dans la Méta. Il faut être soi-même en jeu. C'est quelque chose de naturel chez moi. Je ne l'avais pas forcément conscientisé avant. Avec la Méta j'ai trouvé un endroit qui me ressemble beaucoup et qui me permet d'être à tous les endroits de mon processus créatif en même temps. Être observateur, directeur et acteur… Digression. On raccroche.

Ma première proposition n'était pas très pertinente, mais Bérengère a tout de même essayé de la suivre. Alors j'ai changé. J'ai peut-être mal écouté sa première proposition. Il faut d'une manière générale que j'essaie de mieux écouter et que je prenne plus le temps de réfléchir. Souvent, je prends des notes pendant les impros, toujours pour éviter d'oublier, mais aussi parce que l'écriture précise ma pensée et crée une matière sur laquelle je peux m'appuyer. Je rentre profondément dans mes réflexions. Je sais que mon idée prend forme au fur et à mesure de la parole. En général, j'ai rapidement l'impression d'avoir compris ce qui se joue et ça ne m'intéresse plus. Alors j'écris et je réfléchis. Le problème est que ça me coupe de la scène à un moment, et que je ne suis pas à l'abri qu'il se passe quelque chose d'intéressant en mon *absence*. Mais, même en regardant une scène en entier, je décroche toujours assez rapidement et je me mets à penser à autre chose. Je me mets à imaginer ce qui aurait pu être joué ou à formuler ce qui ne fonctionne pas et comment résoudre les problèmes posés.

Ainsi, mon processus créatif s'exprime par la verbalisation, l'écriture, le signe, le support. Un peu comme dans la pratique de la Méta, c'est la matière souvent inutile, les pensées que l'on exprime. Tous ces brouillons qui normalement se jettent, les petits dessins au coin du carnet. Le fait d'écrire fixe mon processus et m'active. Je me dis aussi que j'utilise toute cette matière invisible afin de rester présent.

Je me suis repris. J'ai changé de braquet. J'ai dirigé Bérengère sur sa capsule, car j'ai continué d'avoir des idées. Je me dis que j'aurais aimé faire la même chose, faire le même exercice. J'ai écrit sur mon carnet :

travailler en entonnoir. Je crois que je voulais dire à ce moment-là : créer beaucoup de matières pour finalement n'en garder que très peu : sélectionner, filtrer.

Je ne pense pas travailler en entonnoir. J'accumule beaucoup de matière disparate, sans chercher à l'organiser ou à en tirer un sens immédiat. Je suis mes intuitions, jusqu'à ce qu'une forme nouvelle émerge de ce chaos. Une idée qui fait synthèse, qui absorbe l'esprit de toute cette matière. Comme si je distillais ce désordre pour en extraire un alcool concentré : l'essence de ma création.

Pendant l'exercice, j'ai encadré quelque chose qui me semblait important, une autre idée qui raconte aussi que mon processus créatif ouvre de nouveaux tiroirs. J'ai écrit : *Discussions*. Dire ce qui passe par la tête. Parler sans le besoin d'être entendu. Je me rends compte qu'on utilise cette chose-là déjà à la Morsure, depuis nos débuts. Ça a donné plusieurs exercices sur mon premier labo où je demandais l'explicitation du processus créatif en direct. Je demandais aux comédiennes, alors qu'elles préparaient, de verbaliser absolument tout ce qui leur passait par la tête. Puis j'ai développé ce principe en leur demandant, pendant leur performance, d'expliciter encore tout ce qui leur passait par la tête.

Se créer une nécessité

Je remarque que Christelle a besoin de se créer une *nécessité*, un déséquilibre, une gêne. Ceci me pose une question importante : comment trouver une nécessité dans la création ? Comment se diriger vers son état ? Comment créer soi-même son propre déséquilibre ? Une tache sur la page blanche. Je remarque que le déséquilibre peut arriver par une modification de l'état. On sait qu'il peut y avoir une sorte d'état de transe, mais parfois, juste l'état physique va provoquer une certaine inspiration liée au processus créatif. On sait que bon nombre d'écrivains ont des rituels pour écrire.

Dans mon carnet, parmi mes notes, j'écris aussi ce que je traverse. J'essaie de définir mon état. J'essaie d'être le propre observateur de moi-même. C'est une sorte d'extension de mon rapport à la psychanalyse. Alors j'écris ceci :

> « *Je me rends compte que j'essaie d'écrire moins vite et mieux.* Faire moins vite permet d'avoir de l'avance sur mes idées, mais c'est difficile. D'ailleurs, dans le jeu, je préconise d'essayer de développer, de jouer moins vite. Ça permet d'avoir moins la tête dans le guidon, mais ça reste quelque chose que j'ai du mal à atteindre, sauf quand je suis dans le flow. C'est une posture analytique de mise en abyme que nous avons en commun avec Marie et que nous aimons explorer. »

Commentaires à la relecture

Je remarque plusieurs choses à la relecture de ce texte écrit sur le vif pendant ce labo. La première c'est que je n'ai pas du tout abordé la contrainte d'être observateur de Marie lors de son labo de la même manière. J'ai tenté d'être le plus invisible possible. D'agir le moins possible sur elle, car finalement, c'est l'observation qui m'intéresse dans cet exercice et non l'action.

La seconde résonne avec l'état dans lequel j'entre lorsque quelqu'un pénètre, de quelque manière que ce soit, dans mon processus créatif. C'est un état particulier. Comme une bulle ultrasensible. Lorsque quelqu'un essaie d'y entrer, de me diriger, j'ai une réaction épidermique. Quelque chose de très violent que je contiens très fort. Comme quelque chose qui hurle en moi. Ça peut ressembler à de la sidération de l'extérieur. Ça me dépasse. J'aimerais ne pas ressentir ça. Mais c'est comme un système d'alarme qui s'est installé malgré moi.

Je remarque aussi que j'ai lâché les notes pendant les moments où je dirigeais. Je ne pouvais pas les reprendre ou les développer. Souvent, ce sont des notes contextuelles. Des bouts de phrases qui ne sont liées qu'au moment présent, à la proposition qui est faite sur scène. Alors, je ne peux pas vraiment retranscrire ce que j'ai vu et ce que j'ai dit des performances. Ça n'a pas beaucoup de sens. Mais, dans ces notes, il y a aussi ce que je peux penser ou ressentir. J'essaie de trouver un principe littéraire qui pourrait transposer mon propre processus créatif alors que je suis en train d'écrire. Cela rejoint l'aspect Méta du jeu. Être l'observateur de l'observateur.

Alors que je recopie mon carnet, je suis à la fois spectateur de la forme que prennent mes écrits et, en même temps j'influe sur cette forme en la commentant, en la développant. Ces commentaires et ces développements créent une nouvelle forme qui tente de donner accès à une pensée en mouvement.

Je parle aussi de l'inspiration. Je ne la nomme pas ainsi, j'en parle comme de *l'intuition*. C'est assez difficile d'en définir les contours. On en a une représentation assez romantique. Pour ma part, je vais parfois avoir une idée très précise et ça, c'est la partie *changer de braquet*, que j'exprime. C'est très agréable et gratifiant. De plus, travailler beaucoup avec Marie, nous permet de nous stimuler en offrant à l'autre l'altérité. Peut-être, justement, cette *nécessité*, cette tache sur la page blanche. Il en ressort quelque chose qui nous échappe à tous les deux.

Ce qui me plaît et est étrange à cet endroit, c'est le fait d'être pris malgré moi par une sensation abstraite qui m'attire. Je ressens une piste de travail. Elle n'a pas forcément de forme et je ne sais pas comment l'atteindre. Je sais qu'une fois que j'ai cette intuition, les étapes pour rejoindre cet objectif vont se mettre en place malgré moi. C'est invisible et indescriptible. Un processus inconscient qui s'installe sans moi et auquel j'ai appris à faire confiance. Puis, plus je vais me rapprocher de mon objectif, plus il va devenir net.

Sortir des sentiers battus demande parfois de la patience et de la confiance. En mon for intérieur, je sais que je vais arriver à destination. Une destination que je ne connaissais pas avant de commencer le voyage.

Être loin de sa résolution

Pour moi, cela résonne comme sur une improvisation où je vais toujours conseiller de projeter l'objectif de la scène le plus loin possible de nous. Un peu comme un hameçon lorsqu'on pêche. On projette l'objectif au loin et puis, petit à petit, on va avancer vers lui. Je remarque que, souvent, les improvisateurs ont du mal à se définir et s'ils ont du mal à se définir, ils vont avoir du mal à trouver leur artiste. Alors, ils auront des soucis pour trouver leur *nécessité*. **La *nécessité* est le déséquilibre nécessaire à la création.** C'est pour ça que, lorsque je propose des débuts de scène, j'insiste sur l'importance de ne pas commencer sur une scène en miroir. C'est-à-dire à un mètre de l'autre, en face, avec une question ou une réplique neutre. Je demande souvent de commencer par une proposition arbitraire sans forcément faire attention à l'autre. Je propose de créer un déséquilibre en prenant un parti-pris de texte, d'action ou physique, qui les engage malgré eux dans une direction inconnue. Ceci, tout en jouant la scène qu'ils avaient prévue ou avec laquelle ils sont à l'aise. Cette distance entre les deux éléments joués en même temps crée une matière invisible qui enrichit l'ensemble de la scène. **L'espace entre soi et sa nécessité est l'espace du processus créatif.**

Mise à nu de mon propre processus créatif

Si les ateliers amateurs restent un espace de recherche essentiel pour moi à ce jour, nous proposons, depuis les débuts de La Morsure, des espaces de recherche, pensés à la fois comme des lieux d'exploration artistique, des temps de rencontre, d'échange, mais aussi de trainings entre artistes.

Lors d'un de ces labos, j'ai été assez déstabilisé par la séance que Bérengère menait. Réfractaire pour être plus honnête. Je ne voulais pas faire les exercices. Cela consistait en des jeux de déplacements sur le plateau. Entre autres consignes, nous devions utiliser des cordes comme accessoire. Nous devions aussi chanter à chaque fois que l'on s'arrêtait, marcher en rythme, nous arrêter ensemble. Le but de Bérengère était certainement de voir ce que nous créions avec ces contraintes. Mais tout de suite, je me suis dit que ça n'allait pas me le faire. Ça ne m'intéressait pas. Ce n'est pas ce dont j'avais envie. Je résistais. D'une manière générale, lorsqu'on me donne une consigne, je me tends. Pour éviter d'être dans le refus, pour ne pas perdre mon temps et être poli, j'ai commencé à inventer des nouvelles règles qui m'intéressaient (J'ai essayé de le faire les yeux fermés afin de ressentir le rythme des autres, de défaire les nœuds très longtemps…) J'ai un peu souffert, mais tout ceci m'a permis à un moment de me détendre et de lâcher prise.

Au-delà de me soumettre, c'est une véritable souffrance pour moi de sentir que je suis incompris alors que je suis en train d'essayer de trouver un chemin pour respecter les consignes. Je me souviens qu'à un moment, nous devions traverser la salle en criant quelque chose. Comme je n'avais pas envie de le faire, je me suis mis à traverser en criant *que je ne voulais pas crier en traversant*. Lorsque je suis passé devant Bérengère, elle a ri et a dit : « Christophe fait exprès de ne pas faire ce que je demande, il n'en fait qu'à sa tête. ». Alors que, pour moi, j'étais exactement en train de faire ce qu'elle demandait. Qui plus est, avec mon ego mal placé, je trouvais que c'était très intéressant, alors forcément, ça m'a un peu blessé.

À la fin de ces exercices, Bérengère nous a demandé de préparer une performance en 30 minutes, en utilisant ce que nous avions traversé l'heure d'avant. Ce n'était pas simple pour moi, mais j'avais déjà le début de mon texte : « ça ne va pas me le faire ! ». En plus, je savais aussi que je voulais faire quelque chose d'opposé à ce que je disais :

dire non, mais suivre les consignes physiques que nous avions abordées. Je me suis assis et j'ai commencé à écrire sur mon carnet ce que je pensais faire.

J'aime prendre des notes en vrac, remplir des pages avec plein d'idées. J'ai souvent besoin de verbaliser pour construire. Mais cette fois, dans ce contexte, les notes sont devenues un texte tentant d'expliciter mon processus créatif. C'est une chose que j'essaie de faire en général dans mon jeu d'acteur et en particulier dans la Méta. J'écrivais en même temps ce que je pensais et ce que j'allais faire. Le texte suivant a été écrit d'un jet pendant ma préparation de performance.

Écriture automatique de mon processus créatif

On a commencé par un échauffement physique et rythmique et, déjà, je me suis dit que ça allait être compliqué. Suivre les règles c'est compliqué. Ça me menace. Puis un deuxième jeu qui vient me menacer. Occupation de l'espace. Être à l'intérieur. Ne pas vexer Bérengère, mais trouver ce qui m'intéresse moi dans ce jeu. Accepte. Ne dis pas non. Tu ne sais pas. Ça peut être super. Si tu sais. Non tu ne sais pas. Puis accepter. Puis la petite sirène. Dire. Lire le texte.

Ce texte est bien, mais je n'ai pas envie de le lire.

Il me reste 18 minutes pour trouver. Comme pour le jeu, je résiste à la consigne. Et j'écris. Je suis contrarié, mais j'y travaille. Puis je me rappelle les consignes comme le jeu.

Je me rappelle les cordes sur le sol. Quel a été mon cheminement ? Puis la chanson.

Je pense que je vais revivre le cheminement des cordes en racontant, soit ce que j'ai traversé, soit ce que je voudrais faire, ou bien dire le texte de « la Sirène ». J'ai aussi l'idée de mettre un tas de cordes à démêler, ce qui est quelque chose que je déteste faire. Puis je cherche la chanson de la petite sirène. Puis je repense à « Maman, les petits bateaux ont-ils des jambes ».

La petite sirène, elle veut des jambes, mais elle donne sa voix pour les avoir.

Je vais dessiner mon espace en revivant le jeu précédent de déplacement dans les cordes + ma narration + la chanson. Mettre à nu le processus créatif.

Puis j'ai répété 15 minutes pour ancrer la démarche dans mon corps.

Je ne suis sûr de rien, mais je reviens m'asseoir. Je vais oublier tout ce que je voulais faire. L'échauffement – La menace – les règles – La soumission – Puis essayer de respecter les règles – Maman, les petits bateaux…

Je ne voulais pas chanter de chanson enfantine. J'avais honte. Mais il n'y avait que ça qui venait. Ça et « J'aime les filles » de Dutronc. Mais avec le groupe de femmes, ça ne l'aurait pas trop fait. Alors j'ai pensé à chanter Trénet : « La mer ». C'était un compromis. Mais je vais quand même chanter « Maman les petits bateaux » pendant ma perf, c'est plus pertinent.

Questions de Bérengère après la performance

Peux-tu expliquer ton processus de création ?

- **Résistance**. Tension. Insécurité. Rejet des consignes. Peur.

- **Diversion**. Me rassurer. Trouver des espaces d'évasion. Sorties de secours. Inventer de nouvelles règles. Faire des blagues.

- **Sécurisation**. Je rentre dans le travail à ma façon avec mes nouvelles règles.

- **Réappropriation**. Je réintègre les règles refoulées aux nouvelles et je les mixe aux miennes. J'intègre grâce à la diversion.

- **Être au *Jeu* et au *Je***

Qu'est-ce que tu as pris des outils et de l'expérience d'avant pour ta performance ?

- Mon ressenti durant l'exercice
- Le rapport à l'espace
- La corde
- Chanter quand on arrête de se déplacer

Qu'est-ce qui t'a intéressé ou manqué ?

- La conscientisation de mon état pendant le processus. Ce qui m'échappe quand j'essaie de contrôler. Pour reformuler : l'explicitation du processus est un espace de contrôle qui dit qui je suis, me permet de lâcher prise et me rassure. Mais alors que j'essaie de contrôler ce processus en le rendant visible, il crée une matière qui m'échappe à nouveau. Ce qui est contre-intuitif et un paradoxe.

Qu'est-ce qui résonne avec ton travail ?

- La beauté contraire ou contrariée. Faire une chose alors que l'on dit le contraire. La transgression.

Qu'est-ce qui t'a mis en difficulté, en insécurité ?

- Je pense que c'est clair… Se soumettre. La peur de disparaître.

- Ne pas comprendre est un processus de défense chez moi. Quand je dis que je ne comprends pas une consigne, il faut entendre que je suis insécurisé et que je ne veux pas suivre la consigne.

IMPRO-BRETAGNE

À LA MARGE

La question se pose : pourquoi intégrer ces anciens articles dans cet ouvrage ? J'en ai choisi seulement quelques-uns, car ils sont en général très axés sur le match d'impro et je m'en suis éloigné depuis longtemps. De plus, le match étant le format le plus généralement joué, il est très vite un sujet polémique se résumant souvent aux pros et anti-match, empêchant en cela toute discussion intéressante, questionnant le fond et la forme de ce spectacle. Certains essais très étayés existent déjà sur ce sujet, je ne pense donc pas forcément avoir grand-chose de plus pertinent à en dire aujourd'hui. Quoi qu'il en soit, bien que le site imbro-bretagne ne soit plus mis à jour, il regorge de conseils techniques sur l'improvisation et est toujours ouvert, donc si vous êtes amateurs de match, n'hésitez pas.

Ces textes ont été rédigés entre 2011 et 2017, une période qui, avec le recul, apparaît très prolifique. À l'époque, du moins jusqu'en 2014, je n'avais pas encore découvert d'autre approche de l'improvisation. Cependant, malgré cela, j'avais entrepris de décrire mon expérience, aspirant à une forme d'improvisation exigeante et technique. Bien que j'interrogeais déjà la notion d'auteur, je n'étais pas encore réellement en mesure de l'appliquer à ma propre pratique.

Ces années représentent un parcours, le début d'une recherche où je m'éloignais progressivement de l'improvisation traditionnelle tout en maintenant un lien avec le match d'impro. J'essayais alors de réfléchir à ses différents aspects et de proposer des moyens de le faire progresser. Je me sentais alors assez démuni et je me battais contre des moulins à vent. Je me trompais de combat en voulant faire avancer un milieu qui ne m'avait rien demandé et n'avait pas besoin de moi pour exister. J'ai mis un moment à ravaler ma frustration et à la rendre productive, l'orientant vers quelque chose de plus utile : la création de spectacles personnels. Quand on ne se sent plus à sa place, il faut arrêter de crier sur tout le monde et tracer sa route.

Le ton de ces articles est passionné et affirmatif, visant plus à convaincre qu'à partager. Il est amusant de constater qu'aujourd'hui, je ne suis plus nécessairement d'accord avec mes propos d'alors. Cependant, proposer ces textes avec des commentaires permet d'apporter une complexité et une nuance qui leur faisait parfois défaut. Je n'ai pas souhaité les réécrire, privilégiant une approche dialectique qui laisse à chacun et chacune le soin de se forger sa propre opinion en fonction de son expérience personnelle.

La grâce (janvier 2012)

Pourquoi le public aime-t-il l'impro ?

On est en droit de se demander ce que le public vient chercher lorsqu'il vient voir de l'impro. En général, il vient passer une soirée conviviale et détendue. Souvent, il vient assister à un match, dont le décorum festif permet de passer un moment de détente. Nous nous efforçons de nous dire que nous devons lui apporter autre chose que de l'humour, en proposant de belles histoires. Même si l'écriture a sa place dans l'impro, elle ne peut être que superficielle. Ce n'est pas là que se joue le plaisir pour le spectateur ni pour l'improvisateur. L'histoire est un support, tout comme les autres moyens techniques que nous utilisons pour transmettre des émotions à notre public. Il vient chercher quelque chose de particulier, que nous avons tendance à oublier lorsque nous jouons, ou réfléchissons à notre discipline : *la grâce*.

Raconter une histoire ?

Il est louable de souhaiter raconter des récits construits, intéressants et profonds... Mais c'est complètement illusoire. Nous ne sommes pas en mesure d'égaler un texte de théâtre écrit. Nous pouvons nous raconter nous-mêmes, parodier, donner du sentiment, mais la profondeur ne se situera pas là. Même lorsque nous sommes contents de nous à la fin d'une belle impro, tout ceci ne concerne pas le public.

En réalité, ce qu'il a trouvé beau, c'est le jeu. Acceptons le fait que nos histoires ne soient que prétextes au jeu, au lâcher-prise, au plaisir, au ludique et à l'émotion. Tout notre entraînement, notre travail, ne sert qu'à ça finalement. J'entends souvent des improvisateurs frustrés d'avoir seulement fait rire le public, parce que c'est ce qu'il vient chercher. Non, le public ne vient pas chercher le rire, il vient chercher du plaisir. Et son plaisir est motivé par ces moments de générosité que nous lui donnons en prenant des risques. Révisons nos gammes, progressons, inventons, mais ne nous arrêtons pas seulement à la technique, rassurante, nécessaire, mais enfermante.

L'importance d'un décorum

Je remarque, dans notre culture, l'importance du décorum. L'importance d'avoir un concept. En réalité, à quoi cela sert-il ? Qui cela rassure-t-il ? Et encore une fois, cela est-il au service du jeu ou du spectateur ? Nos improvisations sont formatées. Un nouveau spectacle d'impro reste en général une succession de sketchs, dans un emballage différent, mais ce sont les mêmes impros, la même façon d'improviser.

Je pense que le public se fout de savoir si on commence par la fin ou que nous interprétions des catégories qui sont trop balaises. Le public veut du vrai. Notre sens de l'impro est dévié, car je crois que nous avons peur d'être simples, et d'échouer. La beauté de l'impro, vient de ce qu'elle révèle l'intimité de ses interprètes, et d'une chose essentielle : le mystère de la création.

Alors c'est quoi la grâce ?

Permettons-nous dans nos spectacles d'offrir plus aux spectateurs. Soyons sincères. Arrêtons de nous cacher ou de faire semblant. Offrons-nous au public et jouons le jeu de l'impro. Soyons à l'écoute, au présent, ne faisons qu'un avec nos histoires. Faisons preuve d'humilité : ce n'est pas d'improviser qui est difficile, c'est de se mettre à nu. Alors, cherchons ce qui est vraiment important : toucher la grâce.

La grâce, c'est cette magie du moment qui nous rend plus grands et plus beaux. Sur scène, *c'est nous en plus*. Ne nous réduisons pas. Si nous pratiquons l'impro, c'est pour ressentir cet état de communion et de plaisir, là où tout est possible. La scène est un espace sacré. Soyons bien conscients de ce que cela engage de jouer devant un public et faisons de nos spectacles des moments de générosité.

Commentaires 2024

J'ai hésité à laisser cet article, je l'ai enlevé, puis je l'ai remis. Pourquoi ? Parce que d'un côté, je le trouve assez injuste, et de l'autre, je le trouve honnête. Comme il me permet d'en dire plein de choses, j'ai préféré le garder. Est-ce que c'était intéressant de dire ça ? Je ne pense pas… Mais c'est honnête.

Je constate que dans ces articles que je cherche à convaincre. À ce moment-là, je me sens en rupture avec le milieu de l'impro. J'ai envie de le faire bouger alors que, moi-même, je n'y arrivais pas. J'étais coincé. Je cherchais, j'essayais. J'errais. Je me posais beaucoup de questions, en particulier sur le sens. Je me rends compte que, dans cet article, c'est avant tout à moi que je m'adresse. Je rejette alors sur les autres ma propre impuissance, mon incapacité à m'extraire, à être singulier. Bien qu'entouré, je me sentais très seul dans ma quête. C'est très facile de dire ce qui ne va pas, mais c'est plus difficile de trouver les solutions. Nous pouvions avoir des discussions enflammées entre improvisateurs et improvisatrices, mais c'était souvent assez stérile.

Je ne pense pas que l'improvisation soit un milieu conceptuel, de recherche intellectuelle. Il y a bien quelques essais ici et là, mais pas d'application concrète dans l'artistique. Il y avait beaucoup de chapelles. Chacun cherchant à s'ancrer dans ses certitudes. J'en avais assez, mais je ne savais pas à quoi me raccrocher. C'est donc assez touchant pour moi de relire ces articles remplis de certitudes alors que la réponse réelle est le doute. Elle ne peut être que personnelle. Aujourd'hui, j'ai résolu ce problème en traçant ma route, mais encore une fois, si je choisis de commenter cet article, d'écrire ce livre… C'est que j'espère toujours, quelque part, être entendu, utile, que mon expérience puisse servir.

Je remarque qu'en 2012, je cherchais déjà la même chose qu'aujourd'hui. Ce que j'appelais alors le *mystère de la création*, je le nomme aujourd'hui *mise à nu du processus créatif*. J'isole aussi déjà, les 3 niveaux de jeu. Je dis que l'on vient *voir des acteurs jouer*, *que l'on observe le jeu*, et que l'on attend de l'improvisateur qu'il *révèle son intimité*. Cela me fait penser à la fin de l'impressionnisme avec *Cézanne* qui a trouvé le cubisme sans le savoir. Il y a déjà tous les éléments, mais ce n'est pas encore le moment. Il n'y a pas le déclic.

Par la grâce, aujourd'hui j'entends l'honnêteté, l'authenticité.

Je tournais autour de ces notions. Je pensais que c'était la générosité et le lâcher-prise : cet état où l'on marche sur l'eau. L'état de grâce est un moyen. C'est le canal. Un état temporaire qui ne garantit hélas pas la qualité de ce que l'on propose. La grâce, ce n'est pas que le *Flow*.

Dans ce texte, je présume que le public vient chercher du plaisir. Je pense que c'est le niveau zéro de la réflexion et que cela illustre en partie les raisons qui m'empêchaient d'avancer. Le public mérite mieux que simplement venir prendre du plaisir.

La grâce est la visibilisation du processus créatif mis à nu. C'est donc la superposition de l'interprète, de la personne, de l'artiste, de l'œuvre et du spectateur qui crée la grâce. Les improvisateurs peuvent penser qu'il s'agit de cette énergie, cette folie et cette virtuosité qui rendent le moment unique, mais à mon sens, ce n'est que la partie émergée de l'iceberg. L'improvisation au service d'une œuvre, d'un point de vue artistique, permet de générer la grâce.

Moi au milieu de « 2 » ou la naissance de la méta (2015)

Depuis les débuts d'Impro-Bretagne, j'aime parler de ce que les autres font. Pour la première fois, fait étrange, j'ai envie de raconter le dernier spectacle que j'ai eu la chance de jouer : « 2 ».

« 2 » est un spectacle très simple sur le papier. L'idée m'est venue en allant assister à un concert de musique improvisée. À la fin du concert, l'un des musiciens me révélait qu'ils n'avaient absolument rien préparé... Pas de point de départ, de registre, de concept, simplement une écriture motivée par la relation de ce duo, l'écoute et l'envie de se surprendre, de réécrire un nouveau langage musical, propre à eux seuls et ouvert à un public.

C'est évidemment plein d'excitation que j'allais trouver Julien Gigault, pour tenter d'adapter ce concept à l'impro. Nous sommes assez vite tombés d'accord sur ce que nous souhaitions faire : jouer simples, avec ce qui existe (lui, moi, la table, les chaises, la pendule, le public), pendant 60 minutes... Et surtout, rien d'autre, par peur de perdre cette précieuse excitation qui nous habitait. C'est drôle qu'en 20 ans d'impro, je n'ai jamais osé faire ça avant... Je pense que les rencontres et les envies sont toujours liées à un moment précis. Sur le papier, encore une fois, rien de bien effrayant. Juste l'envie d'en faire un moment exceptionnel.

Et c'est parti !

Drôle de moment que ce spectacle construit sur la peur de deux comédiens chevronnés et sur le refus. Sur les soixante minutes, j'ai savamment passé vingt minutes à refuser d'avancer. Je m'accrochais désespérément à ce moment magique où tout était encore possible, par peur d'être déçu par notre prestation, qu'elle ne soit pas au niveau de nos attentes respectives. Nous avons découvert ensemble que, ce soir-là, il nous était impossible de partir sur une belle histoire, bien construite, ou des impros courtes, variées comme on les aime. Non, ce soir-là, nous avions décidé d'être ailleurs, nous jouions du free jazz...

Cela commence par des négociations entre deux improvisateurs... Une table, deux chaises, une bouteille d'eau, et un radio-réveil allumé à la fin de la présentation du spectacle :

— Tu as commencé à jouer là ?
— Non, je n'ai pas allumé le réveil.

— Pourtant, tu joues…

— Oui, mais ça ne compte pas, je n'ai pas allumé le réveil…

— Mais moi, je joue, alors que le réveil n'est pas allumé ! J'arrête, je commencerai à jouer quand le réveil indiquera 5 minutes de passées…

— Tu n'es pas capable…

— SI !

Il allume le réveil… À une minute passée…

— Je suis une merde, je n'ai pas réussi à tenir jusqu'à 5 minutes…

— Je te l'avais dit…

Voilà sur quoi nous étions partis. Moi, accroché à la peur de rater ce magnifique rendez-vous, attendant un bus, que j'avais peur de prendre, car je ne savais pas où il irait. Nous étions au milieu d'une tragédie annoncée, où le temps qui passe, minute après minute, serait notre fil conducteur, notre promesse dramatique, permettant de prophétiser des évènements qui arriveraient ou pas… Un spectacle obsessionnel passant son « temps » à se citer lui-même et laissant ses auteurs donner libre cours à leurs désirs, leurs angoisses, leur amitié… Reprenant même à notre compte certains standards que nous condamnons en impro, pour les mettre en abyme : mouettes, robots, zombies… Racontant que par le passé, j'aimais jouer Jésus sur sa croix, et me visser moi-même avec une visseuse électrique… Julien se clouait au mur, et nous reprenions un instant ces gestes cabotins, enfouis du passé pour en faire autre chose... Entre hyperconscience de ce qui se joue, et lâcher-prise.

Pendant 20 minutes, nous avons tendu la situation, restant chacun sur nos positions, pour les confronter, et ne pas se précipiter dans la facilité... Une chute vertigineuse et angoissante... Sublime pour moi... J'ai eu des retours disant que j'étais rude ou en manque d'écoute... Vraiment, je ne crois pas. Je tenais. Je ne VOULAIS pas que ce spectacle ne soit pas fidèle à nos promesses. Rude ? Nous l'étions ensemble, à attendre le bon moment, embusqué. Pourquoi lui ou moi aurions-nous cédé ? Car c'était exactement ce qui se jouait et le danger de ce OUI, qui nous aurait desservis. Le public était, en grande partie, composé d'improvisateurs, curieux, parfois perdus, applaudissant les punchs ou les exploits, tels des solos de jazz. Nous avons joué avec lui, mais pas pour lui. Nous n'avons pas cherché à nous rassurer.

Et au bout de 20 minutes, sûrs de nos acquis, nous avons lâché et nous nous sommes trouvés. Ce n'est pas que cela ramait au début. Je n'ai jamais eu l'impression d'être perdu. Nous n'étions juste pas encore 2, mais plutôt 1+1. Et puis, le petit miracle que nous attendions, que nous guettions, un tourbillon de 35 minutes, allant du récit intime, à l'attaque de zombies, et ceci toujours sans justifier, juste surfer sur cette vague de plaisir, une fois la peur passée et le serment tenus. Nous avons passé notre temps à ouvrir des portes, que nous avons refermées, une à une à la fin du spectacle. Nous avons continué notre quête, notre lutte. Nous avons été fidèles et courageux.

Nous avions tous deux une vision globale du spectacle. Sans savoir où nous allions, nous avons combiné et utilisé tous les éléments joués. Ce qui était dit et le registre dans lequel c'était joué. Cela a donné une écriture très théâtrale, toujours sur deux niveaux : ce qui est joué et ce qui est vécu par les comédiens le jouant... enivrant.

Puis arrive la fin. La dernière minute. Une promesse dramatique. Celle d'un baiser entre nous deux. Une promesse faite à plusieurs reprises. Julien, dans un dernier refus magnifique, sortait à la 59e minute chargé d'une belle émotion, me laissant seul avec ce baiser. Nous commencions par un refus, et nous finissions par lui aussi, laissant le public avec sa frustration. C'était la meilleure fin possible.

Nous avons, Julien et moi, traversé ce spectacle comme des cascadeurs. Le vrai risque de ce spectacle aurait été de faire ce que nous savions faire et trahir ce rendez-vous. Certaines personnes du public étaient enthousiastes et touchées par la démarche, d'autres, mitigées, et enfin d'autres plutôt négatives... En tout cas, tout le monde était conscient d'avoir assisté à un moment à part... Je ne sais pas si c'est un spectacle ou une performance, en tout cas c'était une expérience unique. Je ne sais pas non plus vraiment si nous étions en état de grâce ou au travail... en tout cas, je veux vivre un autre « 2 ».

Commentaire 2024

C'était mon premier pas dans ce qui deviendrait une des écoles du jeu de La Morsure. Refusant la banalité du jeu improvisé et étant en pleine transformation personnelle, je refusais de continuer de suivre les règles que j'avais apprises en impro. Je trouvais à ce moment plus simple de dire ce que je ressentais pendant que je jouais. Non pas par cabotinage, mais par souci d'efficacité et de sens. Je faisais surtout parler mon niveau *acteur* dans le jeu. Cela amusait mes partenaires, car ils étaient à même de gérer ce qui pouvait apparaître alors comme des caprices, voire des effets.

Mais j'étais alors dans une intuition, une forme indéfinie de ce que je souhaitais être mon nouveau moi. Un refus de la banalité, une nécessité, un acte altruiste et honnête.

Réécrire un nouveau langage musical

On peut imaginer à la lecture du premier paragraphe que ne pas préparer un spectacle d'improvisation est quelque chose de commun. De vouloir arriver vierge et simplement imprégné de la surprise de la rencontre avec l'autre. Mais en fait, ce que je souhaitais profondément, ce n'était pas simplement arriver et jouer sans thème. C'était réapprendre à jouer. Créer un langage propre au moment qui était en train de se jouer. Ce qui m'avait interloqué à l'époque dans ce concert improvisé, c'était le sérieux des musiciens dans leur recherche d'un nouveau langage et le risque d'échouer. C'était l'honnêteté et le courage d'affronter le vide afin de nous donner à voir l'invisible. Tout le monde joue sans thème, ce n'est pas le propos. Le propos est de refuser ses acquis, de déjouer.

À l'époque, le langage Méta n'existait pas. Il était à l'intérieur de moi et il nourrissait ma façon de jouer. L'ambition du premier « 2 » n'était pas de jouer de manière Méta, d'ailleurs, on ne l'avait pas appelé comme ça ; c'était « 2 : Free impro ». En référence au Free jazz. On ne voulait pas réinventer l'impro, on souhaitait trouver un nouvel espace de liberté. Considérer le spectacle comme un moment de travail, de recherche. Dépasser l'injonction du public.

La première réplique a été créée sur le moment. Nous avons commencé le spectacle par le niveau *Acteur*, intuitivement, sans l'avoir anticipé, et cela a guidé tout le reste du spectacle. C'est quelque chose qui me touche. Comment est-ce arrivé ? La Méta était quelque part et nous l'avons attrapée.

Dans le texte, je mets en avant mon ambition. C'est pour moi quelque chose d'indispensable quand on crée ou joue un spectacle. Imaginer les contours de quelque chose de plus grand que soit au moment où on se lance dedans, même si on a qu'une vague idée du résultat. Mon unique obsession lors de ce spectacle était de ne pas céder à la facilité. J'avais l'intime conviction que nous devions traverser un certain chaos, refuser les automatismes pour approcher une expérience aussi importante que celle que j'espérais.

Rude ou en manque d'écoute

Je relève ce passage où le public m'avait trouvé rude pendant le spectacle. Dire *non* en improvisation est assez mal perçu. C'est surtout lié au fait que la vision dogmatique de devoir toujours dire *oui*, quand on improvise est très peu questionnée. Dire *non* reste quelque chose de plus compliqué à gérer et c'est pour cette raison qu'il est souvent préférable de dire *oui* aux propositions. Mais dire *non*, motivé par la situation et suivi par une proposition, reste extrêmement intéressant, car cela permet souvent de ne pas subir une mauvaise idée et de sortir des sentiers battus. Il ne s'agit nullement de refuser le *oui et*, mais d'ajouter la possibilité du *non, mais*.

How I met my Joe Bill (mai 2015).

Cette année encore, j'ai eu envie de participer en tant que spectateur au festival SUBITO proposé par Impro-Infini. J'avais passé un excellent moment l'année dernière et j'avais été impressionné par l'audace artistique des spectacles proposés.

Contrairement à l'an dernier, j'ai décidé de participer aux trois jours d'atelier. J'avais choisi de travailler avec Joe Bill, Inbal Lory et Matthieu Loos. Matthieu Loos, qui d'ailleurs m'avait fait forte impression l'année précédente en tant qu'interprète... Même si les workshops avec Inbal Lory et Matthieu Loos étaient intéressants, tout particulièrement celui de Matthieu Loos, qui diffuse une pensée forte au travers d'exercices intelligents, originaux et... physiques, je n'ai envie de parler que de celui que j'ai vécu avec Joe Bill.

Il est des rencontres bouleversantes. Des chocs esthétiques qui vous font tomber amoureux. Un coup de foudre qui donne l'impression d'être entier. Où l'on trouve finalement, après un long voyage, quelqu'un sur qui se reposer, comme une quête qui trouve enfin sa fin. Même si cette quête n'est pas terminée, elle trouve un sens, un guide. Comme l'indique le titre de l'article, cette édition est teintée par une rencontre majeure pour moi, d'un grand homme, une sorte de Bouddha de l'impro : celui qui sait et qui rit. En plus de vingt ans d'impro, je n'ai jamais rencontré quelqu'un comme lui : libre, drôle et profond... Un modèle. C'est avec un regard de midinette que j'ai parcouru cette magnifique édition 2015 de SUBITO.

Ma première rencontre avec Joe Bill

Me voici donc, dans cette salle du Quartz à Brest, à attendre le *grand* Joe Bill. À ce moment-là, je ne sais pas encore trop à quoi m'attendre, mais je me dis que, de toute façon, cette rencontre sera intéressante. J'appréhende quand même un peu... Une formation reste un moment délicat, qui dépend de pas mal d'éléments combinés, où il faut accepter d'être fragile pour recevoir. Puis, Joe Bill entre dans la salle, effectivement il est grand, plus de 1,90 m. Un aspect d'ours sympathique et débonnaire, qui met tout de suite en confiance.

Nous nous présentons tous rapidement et attaquons la séance sur les chapeaux de roue. Pour mieux nous connaître, Joe nous fait jouer pendant 1 h 30, non-stop, des improvisations d'une durée variant entre 1 minute 30 et 2 secondes. De mon regard de pédagogue, je trouve que c'est une entrée en matière remarquable, pour découvrir chaque individu et faire tomber les résistances. Cet exercice nous place malgré nous, à l'endroit exact où nous nous trouvons quand nous improvisons. À quoi est-ce que je me raccroche quand je suis insécurisé ? Qu'est-ce que je joue ? Qu'est-ce que j'ai à défendre aux yeux des autres ? Que reste-t-il d'une impro de deux secondes ? Beaucoup de questions auxquelles on n'a finalement pas vraiment le temps de répondre durant cette heure et demie. On remarque malgré tout une augmentation du lâcher-prise, du ludique, et du plaisir tout au long de cette phase.

Une pause, puis nous commençons à échanger sur ce que nous avons vécu. À ce moment-là, il nous livre sa première théorie sur l'impro. Il explique que ce que nous produisons avec notre cerveau comme création se divise en deux temps. Les quinze premières secondes, sont le *golden time*, où nous créons, prenons des risques... et les quinze secondes suivantes, nous font détester tout ce que nous avons fait avant. Elles se manifestent par une petite voix intérieure qui va nous interroger sur toutes nos décisions et nous sortir du moment présent.

Ainsi, pour Joe Bill, notre travail d'improvisateur est d'être toujours suffisamment engagés dans le présent pour ne pas avoir le temps d'écouter cette petite voix.

Fuck or Fight

Le reste du travail de cette première journée est basé sur le contact visuel. On se regarde et sans parler, un dialogue imaginaire se met en place où alternent curiosité et suspicion. Puis vient le précepte qui tend une vie : Fuck or Fight. Pour Joe Bill, toutes les relations sont sous-tendues par ces deux enjeux, à nous de jouer avec et de les éprouver.

Mes notes sur ce stage sont à l'image de l'enseignement de Joe Bill. Je n'ai pris que des citations, des préceptes. Car finalement, ce ne sont pas vraiment les exercices, comme toujours, qui sont intéressants et qui font progresser... Ce sont les retours, les échanges, les mots qui résonnent différemment chez chacun et font vibrer ou non une corde sensible. Ce n'est pas tous les jours que l'on côtoie un sage... Pour ma part, j'ai été bouleversé, submergé par l'émotion. Toutes les conditions étaient réunies pour vivre un grand moment, et je l'ai vécu. Finalement, je ne sais pas vraiment si un quelconque changement s'est opéré en moi en tant qu'improvisateur, mais en tant qu'homme, de quarante ans, improvisateur depuis longtemps, je me suis reconnu en lui, je me suis projeté. Une angoisse me cisaillait... Et dans vingt ans, je serai quoi, je ferai quoi ? Et Joe Bill m'a rassuré. Pas avec des mots, mais avec ce qu'il est. Car l'impro, comme tout art, est aussi une façon de vivre, de penser, d'appréhender le monde. Être à l'écoute, en empathie, vivre intensément le présent, aimer, détester, se dépasser, sentir la peur, fuck, fight... vivre. Voilà, je me suis senti vivant, et en connexion avec ce groupe de travail et cet homme. Il est drôle cet Américain à dire à chacun qu'il nous aime et à nous serrer dans ses bras. A avoir toujours un mot gentil, encourageant et profond... Ce qui est drôle, c'est de sentir qu'il est sincère, et qu'au moment présent il le pense. C'est drôle aussi de savoir qu'il le fait avec tout le monde, mais que ce moment est quand même fort.

J'ai passé trois jours avec Joe Bill. Au début du premier, il avait dit qu'il serait dans notre tête, qu'il ferait un cadeau à chacun d'entre nous. Au moment où je ne l'attendais pas, le samedi, il me l'a offert... Il a trouvé des mots particuliers qui me correspondaient complètement et m'ont bouleversé encore une fois... Après chaque atelier, je me retrouvais errant, sonné pendant une heure. Je ne pense pas que cela faisait ça à tout le monde, mais moi, il m'a retourné de fond en comble, un peu comme quand on sort de chez l'ostéo. On sait que tout bouge à l'intérieur, on ne sait pas trop ce qui travaille, mais le corps se remet en place. Je crois qu'il m'a remis en place.

Depuis, j'ai repris le cours de ma vie, et je sens que les choses continuent de bouger, que ma façon d'être en atelier est un peu différente. J'ai l'impression d'y voir plus clair, de mieux savoir ce que je veux. Pour la suite, car il va y avoir une suite à cet article, je vais encore parler de Joe Bill... Mais en tant qu'acteur, désolé, je l'avais dit, je suis une midinette et je suis tombé amoureux... Aujourd'hui, pour terminer, je vais encore citer Joe Bill : « I'm fine »... Et j'attends avec impatience le jour où nous nous reverrons, car ça arrivera c'est sûr.

Commentaire de Joe Bill

En terminant l'écriture de ce livre, j'ai envoyé à Joe Bill ce texte ainsi que le début de l'ouvrage, car je tenais à ce qu'il y figure. Ce qu'il a apporté à ma démarche artistique, même sur une durée si courte, a été essentiel. Son texte est certainement trop élogieux, mais cela fait partie de son caractère. Il est parfois difficile d'accepter autant de louanges, mais ses mots reflètent bien cette rencontre, et je suis honoré de pouvoir les partager ici, tels quels, d'abord en anglais, puis en français.

I remember less about where or when I met Christophe Lecheviller than I remember THAT I met him. It was in a workshop somewhere and I immediately recognized the presence of an artist... An artist that contained in him some kind of mix of knowledge, fury and independent spirit. ALL of which I felt immediately aligned with. This tends to happen once or twice every year or two as I tour internationally and in the States, eyes wide open to add to my network of artistic touchstones with whom I can fulfill my life quest to "make the world smaller."

I tend to vibe with other independent spirits who, to some degree or another, can fall in line and harmonize with conformists when necessary but who themselves will not be seduced into the comfort of conformity, lest we risk compromising some kind of fire that burns inside each of us. We are definitive forces looking to manifest our vision and synthesize and harmonize forces with others that are cut from the same cloth... Or similar cloths, as the case may be. I'm thankful for the friendship that we have formed over the years, on both a personal and artistic level. That I have been the source of some kind of inspiration for Christophe is truly an honor. It was an honor that became fully realized when I had the opportunity to be a player in his spectacle format *Le Banquet* in France a few years ago. What a delight it was to play in such a huge undertaking, paired with the incredibly talented Jeanne Chartier as characters, intertwined in a complex relationship with the brilliant improvisers, Guilain Bohineust (also a fantastic musician/singer in his own right) and another one of my spectacular partners in Impro, Inbal Lori. As the spectacle unfolded over 3–4 hours I absolutely was drunk with the joy of the massive improv undertaking, among so many more wonderful performers, and at the end of it I was left feeling the joy and complete good fortune to know that I will be a collaborator for life, with my friend, the mad genius, Christophe.

Congratulations on this book my friend. This is another kick in my ass to release my own complacency, and finish my own book, before the world we live in consumes itself and it's too fucking late.

Traduction française

Je me souviens moins du lieu ou du moment où j'ai rencontré Christophe Le Cheviller que du fait que je l'ai rencontré. C'était dans un atelier, quelque part, et j'ai immédiatement perçu la présence d'un artiste... Un artiste qui portait en lui un mélange de savoir, de fureur et d'esprit d'indépendance. Tout cela a résonné en moi instantanément. Ce genre de rencontre se produit une ou deux fois par an, lors de mes tournées aux États-Unis ou à l'international, les yeux grands ouverts, toujours à la recherche d'âmes artistiques avec lesquelles nourrir ma quête de vie : « rendre le monde plus petit ».

J'ai tendance à vibrer avec les esprits indépendants, ceux qui, dans une certaine mesure, savent s'accorder avec les conformistes quand c'est nécessaire, mais qui refusent de se laisser séduire par le confort du conformisme, de peur de compromettre cette flamme qui brûle en chacun de nous. Nous sommes des forces affirmées, cherchant à manifester notre vision et à la synthétiser, tout en l'harmonisant avec d'autres forces issues du même tissu... Ou de tissus proches, selon le cas.

Je suis reconnaissant de l'amitié que nous avons bâtie au fil des années, tant sur le plan personnel qu'artistique. Savoir que j'ai été pour Christophe une source d'inspiration, d'une manière ou d'une autre, est un véritable honneur. Un honneur qui a pris toute sa dimension lorsque j'ai eu la chance de participer à son format de spectacle *Le Banquet*, en France, il y a quelques années. Quel bonheur ce fut de jouer dans une aventure de cette ampleur, aux côtés de l'incroyablement talentueuse Jeanne Chartier, incarnant des personnages liés par une relation complexe aux brillants improvisateurs que sont Guilain Bohineust (également un musicien/chanteur formidable) et une autre de mes partenaires spectaculaires en impro, Inbal Lori.

Au fil des 3 à 4 heures que durait le spectacle, j'étais littéralement ivre de joie face à cette entreprise improvisée titanesque, entouré de tant d'autres artistes merveilleux. Et à la fin, j'ai ressenti cette joie profonde et la chance inouïe de savoir que je serai un collaborateur à vie de mon ami, le génie fou, Christophe.

Félicitations pour ce livre, mon ami. C'est encore un bon coup de pied au cul pour que je sorte de ma complaisance et que je termine mon propre livre, avant que le monde dans lequel nous vivons ne se consume, et qu'il soit trop putain de tard.

Commentaires 2024

Le cadeau que Joe Bill m'avait fait à cette époque est qu'il était venu me dire à l'oreille : « Arrête de vouloir être un bon acteur, tu es un bon acteur » . Mais ce n'est pas le seul, il a ouvert des pistes de travail que j'ai explorées pendant des années, comme le chaos par exemple. Je me souviens qu'il m'avait dit aussi pour mon troisième jour de stage : « je sais que tu aimes le chaos, je t'ai préparé un exercice. » Il s'agissait d'un exercice où nous avancions en disant un texte tout en hurlant avec notre partenaire, sans l'écouter, puis, quand nous étions face à face, nous devions continuer de hurler tout en essayant de finir par nous répondre et créer un dialogue. C'est Joe Bill. Le gars est dans ta tête. Je remarque que cette notion de *phase* est restée quelque part présente dans mon esprit, dans cette recherche de *limite du chaos* pour qu'il soit lisible et fécond.

La notion d'engagement aussi, que j'ai explorée et transmise. Joe l'utilisait plutôt dans le sens d'être « Busy / occupé » pour ne pas entendre son saboteur, mais dans l'idée, c'est quand même assez proche de ce que je fais. Pour ma part, je le prends plus du côté volontaire, énergique, engagé dans son propos afin de permettre le déséquilibre.

Malgré la courte durée de ce stage, il a eu une énorme influence sur moi. Cette rencontre marque un tournant très important de ma vie. J'étais au plus mal. J'avais complètement perdu confiance en moi. J'essayais de me rapprocher des Brestois de Subito, car ils représentaient une sorte de phare dans la nuit. Je me disais que je n'étais pas à ma place, que je devrais être invité à ce festival, et non pas être stagiaire. Marie, qui était venue avec moi, m'a (encore une fois) beaucoup aidé. Joe Bill m'a montré une porte de sortie, un moyen de me retrouver et de découvrir mon artiste.

Nous nous sommes revus quelques années plus tard (comme prophétisé dans le texte), au WISE, le festival d'improvisation. Joe a même joué dans « le Banquet ». Il m'a dit : « Tu te souviens ? Je t'ai fait un cadeau lors de mon stage, cette fois c'est toi qui me l'as fait ». Et il m'a appelé mon frère. Celui que je voyais comme un père.

À mon retour de Subito J'avais écrit un long texte de révolte. J'ai failli le déposer ici, mais finalement... C'est de la colère et certainement trop personnel. Pas forcément dans l'intime, mais ça n'intéresse que moi. En revanche, je trouve assez rafraîchissante la prophétie que je fais à la fin de ce texte.

« Dans 2 ans, je serai à SUBITO. Dans 5 ans, nous serons ailleurs... À faire du théâtre, sur une grande scène... Du théâtre, car tout le monde se foutra à ce moment-là de savoir si nous faisons de l'impro... C'est là que je vais aujourd'hui, c'est à ça que je rêve. »

Le 21/05/2015 – Auto prophétie.

Quand un déplacement devient une oeuvre d'art (février 2017)

J'ai peur des vieux. Souvent, j'aime dire qu'il y a un âge limite pour commencer l'impro. Et puis... Marie Parent m'a emmené avec elle... Rencontrer des vieux, qu'elle fait travailler en impro depuis 2 ans déjà. Des vieux entre 65 et 93 ans... Ça faisait longtemps qu'elle me disait de venir. Mais moi, les vieux...

Il est admis que les vertus pédagogiques de l'impro sur la jeunesse sont remarquables pour le développement de nos chères têtes blondes. Mais qu'en est-il de nos vieux ? Doit-on encore attendre quelque chose d'eux ? Être exigeant ? Mais finalement, c'est quoi un groupe de vieux ? C'est ce que je découvre dans ce lieu, en arrivant avec Marie. La Longère à Mordelle en Ille-et-Vilaine. Un modèle unique en son genre, une sorte de MJC pour les vieux. Un endroit de convivialité et de projets.

Marie pose avec ce groupe plusieurs questions centrales à notre métier. Forme-t-on les gens ? Et en particulier, à quoi ça sert de former des gens à être improvisateur ? Ou encore, qu'est-ce que l'on doit apprendre quand on est improvisateur ? Devenir improvisateur, ça n'a aucun intérêt en soi. Ça ne sert pas à grand-chose... Pourquoi improvise-t-on ? Pour s'exprimer. Mais pour dire quoi ? La spécificité de l'improvisation est d'écrire du théâtre à vue, sur scène. De travailler la matière TEMPS, et ESPACE au présent. De s'inscrire avec force dans l'ici et le maintenant. De mettre à nu l'acte de création artistique. Cette sculpture du temps présent se fait à la vue du public, souvent avec de très beaux outils, mais rarement des œuvres intéressantes.

Travailler avec des personnes âgées, ramène à l'essentiel et à l'urgence. Pas le temps de s'encombrer avec de la technique inutile. On ne formera pas des techniciens, on va créer des artistes. J'emploie le terme « personnes âgées » maintenant, car, en fait, tout comme l'enfant, le vieux est une personne... Mais âgée :-). Ce n'est pas juste politiquement correct. C'est une réalité objective qui ramène à la particularité de ce public : l'urgence. Avoir quelque chose à raconter. Jusqu'au bout, jusqu'au dernier souffle, au dernier pas. Ici et maintenant. Demain, il sera trop tard. Peu d'outils. Peu de temps. Art brut.

Marie les fait travailler sur leur(s) mémoire(s). Pas seulement la mémoire physique. La Mémoire, avec un grand M. Celle qui nous raconte les années 50, les films en noir et blanc, les années 70, 80 quand ils avaient 40 ans... la libération de Paris, les bals, les douleurs, la vieillesse, leurs désirs, leurs désillusions, leurs amours… Et c'est la personne dans sa globalité qui apparaît sur scène. Séductrice, vivante, mordante, ou sensible. Enfermée dans ce corps douloureux et défaillant. La jeunesse, la vie… Et je les vois. Je ne me vois plus moi, dans ma peur d'être eux un jour, je les vois eux. Si drôles et si bouleversants.

Nous travaillons toute la journée avec Marie, sur la mise en scène d'un spectacle improvisé, s'articulant autour de tableaux liés aux souvenirs, aux émotions. Et puis à un moment, Guy, un homme de 93 ans, doit entrer sur scène. Il doit traverser le plateau pour aller s'asseoir face à celle qu'il aimera la scène suivante. Dix mètres. Tellement loin. Tellement dangereux pour cet homme qui a si mal. Et il avance. Lentement. La beauté de l'instant figé. Le théâtre est réduit à sa plus simple expression : un déplacement. Un déplacement chargé d'une vie de 93 ans. Un déplacement qui se suffit à lui-même. Moment de grâce et de beauté absolue qui échappe à son interprète. Puis il arrive, il touche l'épaule de *son amoureuse* dans un remerciement silencieux et s'assoit en face d'elle.

Depuis, j'ai moins peur des vieux et j'ose les regarder.

Commentaires 2024

Forme-t-on les gens ? Et en particulier, à quoi ça sert de former des gens à être improvisateur ?

Comme on peut le deviner dans ce texte, ce fut une expérience importante pour moi, à de multiples niveaux. C'est aussi une expérience fondatrice du travail que nous effectuons depuis avec les publics dits *éloignés* : les fous, les vieux, les jeunes en insertion… C'est une expérience qui a changé ma vision du monde et que nous essayons de reproduire en créant des spectacles permettant au public de voir ce que moi j'ai vu au travers de l'âge ou du handicap : la personne. On se rend bien compte que c'est une obsession de notre travail à la Morsure : voir la personne, car c'est l'endroit de l'universel et de la vérité.

Ce travail pose des questions éthiques très profondes : est-ce que nous respectons le sujet ou le manipulons-nous en le mettant sur scène ? Cette question est indispensable. Lorsque nous avons travaillé avec des personnes souffrant d'Alzheimer à un stade avancé, nous nous sommes interrogés Marie et moi sur le bien-fondé de notre démarche. Comment être sûr que ces personnes, qui ne se souviennent pas de la séance quand elle est terminée, sont consentantes pour jouer le spectacle ? Il faut s'appuyer sur le présent. Sur le ressenti. Sur ce qu'elles disent ou expriment sur scène. Sont-elles heureuses de jouer ? Le spectacle « Se souvenir d'après » nous a obligés à inventer des outils, à nous remettre en question, à trouver de nouvelles façons de travailler.

Comment créer un spectacle avec des personnes qui ne se souviennent pas avoir répété ? Nous avons embarqué leurs aidantes qui les activaient et les *convoquaient* pour qu'elles réagissent et jouent leur scène. Le résultat a été au-delà de nos espérances. Les personnes âgées réapparaissaient pendant la scène. Elles revivaient des moments familiers. Plier une nappe ou mettre la table sont devenus des moments de théâtre à part entière. Ce qui, par résonance, permet de se rendre compte de l'importance des petites choses sur scène.

Ce sont des spectacles dangereux. On n'est jamais sûr de réussir à aller au bout de ces projets et, pourtant, on gagne à chaque fois. On a peur tout le temps. Peur d'échouer, de se tromper. Nous sommes avec Marie, guidés par une sorte de confiance en notre capacité à nous adapter et à faire face. Toujours avec la peur au ventre et une foi imbécile.

Les vieux savent ce que c'est que vieillir. Cette urgence désinhibe parfois et rend important ce que l'on fabrique avec eux. Ils retrouvent du ludique et du lâcher prise... Comme des enfants graves. Est-ce là leur principale sagesse ?

Marie a créé *Memori*, un des spectacles emblématiques de la compagnie. Au départ, il n'était pas particulièrement fait pour être joué par des personnes âgées. Il était interprété par des improvisateurs. Puis je l'ai rejointe sur ce projet et nous avons, au fil des années, continué de le développer. Mais pour moi, ce qui reste la force et la substantifique moelle, c'est son concept initial : évoquer un souvenir personnel à partir d'un objet caché dans une boîte. À partir de ce souvenir sera jouée une improvisation. Ce qui aurait pu apparaître au départ, comme une variante sur la façon de générer des thèmes en impro, s'est révélé comme un moyen de mettre en lumière l'interprète au travers de ses souvenirs. La personne derrière l'interprète. Nous avons travaillé pour que ces improvisations soient intéressantes et à la hauteur, mais en fin de compte, c'est la boîte qui fait la magie. Les impros permettent d'être en attente des boîtes à venir, de créer de la fiction et de mettre en corps.

Marie me fait encore payer mes retours à la fin de la première représentation. J'avais dit que *Memori* était un *serre-livre*. Je ne suis même pas certain de ce que j'avais voulu dire à l'époque. Je pense que j'avais été impressionné par le rapport du spectacle à l'intimité, au souvenir et que j'avais peut-être moins été emballé par le reste. Ou alors j'avais juste été jaloux… *Memori* a un effet de catharsis puissant. Les spectateurs et les spectatrices se retrouvent plongés en eux-mêmes, en leurs propres souvenirs. Le spectacle agit tel un miroir révélant chaque individu, sur scène et dans la salle. Chacun s'identifie ou reconnaît une personne proche.

J'adore voir un acteur découvrir ce qu'il est capable de faire sur scène au moment où il le fait. Il faut du courage, de l'inconscience ou une certaine confiance en soi pour être capable de dire qui l'on est sur scène. Les vieux savent faire ça, car ils n'ont plus de temps à perdre. L'urgence d'exister encore un peu pour nous.

Fin ouverte

Quand j'ai commencé à écrire, je me demandais quelle forme ce livre prendrait. Finalement, comme souvent dans mon travail, c'est la forme qui est venue à moi. La peur et la résistance ont laissé place à l'intuition, au plaisir et au travail. Ce processus de relecture m'a poussé à sonder en profondeur mon parcours et à délimiter, cercle après cercle, le sujet central de cet objet. Ce travail introspectif m'a permis de cristalliser des années d'expérience, d'inscrire des concepts fondateurs qui sous-tendent le travail que Marie et moi avons construit ensemble ou séparément durant ces dix dernières années. Paradoxalement, il m'a aussi rendu meilleur acteur, en consolidant ma compréhension de cette pratique. J'ai aimé le relire, encore et encore. À force, je trouve, entre les lignes, des éléments récurrents et très personnels, des schémas, des fonctionnements que j'ai envie à nouveau d'explorer.

Je me rends bien compte que mon regard est parfois sévère envers les improvisateurs, et très certainement injuste. Malgré ma rencontre avec Marie, et cette joie émancipatrice qui l'accompagne, je continue de ressentir, parfois, un endroit de solitude. Alors que je n'évolue plus vraiment dans le milieu de l'improvisation et que je ne m'y reconnais pas forcément, je le critique et je continue, quelque part, de m'en revendiquer. Alors, pourquoi est-ce que je continue de m'adresser aux improvisateurs ? Est-ce que je continue d'aboyer après les voitures qui passent ? Je crois que je suis comme la Méta : dedans et dehors, et il faut l'accepter. Tout comme l'Impro avec un grand « I » n'existe pas, les Improvisateurs non plus. Alors, il faut cesser d'être en colère contre quelque chose qui n'existe pas... Encore ce besoin idiot de reconnaissance... De faire partie d'une famille...

L'improvisation m'a beaucoup offert, mais elle n'avait pas les moyens de m'emmener là où je suis aujourd'hui, car cette direction n'existait pas, ou pas encore tout du moins. C'est mon intuition et l'écoute de ma singularité qui m'ont guidé. Je dis souvent aux improvisateurs qu'ils doivent décider de rendre quelque chose important pendant leur scène. **C'est justement parce que l'improvisation est éphémère qu'elle est définitive, et se doit donc d'être importante.**

C'est déjà la fin. J'arrive à un moment tellement compliqué : mettre un terme à tout ça. J'ai eu beau réécrire à chaque relecture, il est temps d'arrêter. Terminer quelque chose est très rarement pour moi un soulagement. C'est un deuil. Créer des spectacles improvisés, me permet de les laisser vivre par eux-mêmes, de les garder mobiles encore un peu. C'est de nouveau, un des paradoxes de l'improvisation. Alors que nous célébrons l'éphémérité de l'œuvre en ne finissant jamais nos esquisses, nous laissons des brouillons pour finalité. Le seul moyen de toucher un absolu est, tel Sisyphe, de recommencer, encore et encore, jusqu'à une hypothétique perfection de l'instant. Mais un livre se termine.

Finalement, s'agit-il d'un manuel d'improvisation théâtrale ? D'un manifeste de la Morsure ? Un essai sur le processus créatif ? D'un témoignage sur mon métier, sur mon parcours ? Je crois que ce fractionnement correspond à mon écriture. Il invite, je l'espère, chaque lecteur ou lectrice, à interroger son propre cheminement créatif et à y trouver une résonance, un espace personnel qui lui donnera le désir d'aller plus loin, d'interroger, de se révolter.

Aujourd'hui, j'entrevois à nouveau une destination lointaine, un territoire à explorer et documenter. Mais ce ne sera plus *Canines*. Ce chapitre est terminé, et bien que cela me rende un peu triste, je suis heureux d'être arrivé jusqu'ici.

ANNEXES

Encore un peu

Comme je ne sais pas terminer, j'ai eu envie de proposer des pages de mes carnets. Lors de ce parcours introspectif qu'est *Canines*, j'ai retrouvé *par hasard*, alors que je venais de terminer la conclusion, le carnet de création de *We Are Family*. Je l'avais oublié. Au début, le spectacle devait s'appeler le *Cabaret Imaginaire*, en hommage à *L'Opérette imaginaire* de Valère Novarina. Puis j'ai entendu la chanson *We Are Family* des *Sister Sledge*… Comme on peut le remarquer, je reste très influencé par la musique, d'ailleurs, le titre « *Canines* » s'est imposé à moi en entendant à la radio le titre *Twin Shadow* du groupe *Canine*. Encore une évidence.

Ces notes n'apparaissent pas dans le livre, je suis content de les rajouter, elles amènent un côté *bonus après générique* et la matérialité de l'écriture de mes carnets. Elles donnent peut-être, un peu plus à voir de mon processus créatif.

Je me rends bien compte que je triche, encore un peu, en trouvant un moyen de continuer d'écrire. Repousser l'échéance, transgresser… Ça m'aide à un peu mieux vivre la fin de ce livre, sans points de suspension.

LE CABARET IMAGINAIRE

Envies : ajouter des guests étapes
- Danseur
- raconteur
- Slameur →

Avec 1 thématique forte pour les
→ DORAIN !   Impros

Scènes de Famille
- tourner les duos
- Impro + musique
-     "   + Vidéo
- Vidéo + musique

Comment le travailler ? à
préparer, 3 jours de travail
en juin → Essai ① = Découverte
                    de brainsto[rming]

① Travailler sur la langue de
   DORAIN. Choses

② Impros Chaises, tables

C'est quoi le Cabaret ? Rapport au théâtre, à Dorin, à l'impro.
QUI ?
- Projet à distribution, travailler sur un spectacle qui évolue.
→ Les acteurs ont été choisis pour des spécificités bien précises
→ Ils développent tous une identité particulière

Spectacle se transformant de lui-même, du fait de l'opposition du principe de jeu → Donc comment se remettre en danger ?

---

chaise   petite (table
              1 x 50)
              ↳
              Tripoloces   (mo.)

Le TEXTE → Rapport au texte.
→ Inventer d'un nouveau langage. S'approprier la forme de Dom.

résistance	→ texte courts. Direct brutal
=	→ relation hors affect
travail minimal	→ crochet d'une tension et d'une résistance
=	
tension dramatique	chez l'acteur.

résistance personnage acteur	LA FAMILLE.
	Père et otee Pleu. rapport de solitus s/œs au personnage ne s'écoute vraiment
	→ personne n'écoute l'enfant.
	→ Esthétique Deschaps. Mekaioff.
	Âpreté.

Costumière : Claire lui
en parler ?
ou voir ?

Travail sur
le projet.
La relation
qu'est-ce qui
se joue "là",
maintenant ?

Lundi

Jouer simple. groupe. ludique
ensemble - Cancho - tuca. jouer sur
la longueur - lâcher prise - perte
de sens...

Musique, sortir de soi / se/ami
plaisir, jouer soi.

> Jour sur des idées fortes - posté
> de travail sur les mots clés
> de la famille. préciser les
> personnages

Look.
- Etre + que ce qu'on a l'air
  d'être ↙ Laurent : Père
       ↘ Marcel _ Pantalon _
Père /   URANUS. Il fait
△   chaud -
    / → tendre, Autoritaire, Amoureux,
       Cultivé, doux, Con.

    → Marie. Coquette,
      Elégante, grave
      soumise, Légère, Papette,
      Amoureuse, Absente

      Lionel : / Chemise, short
              / Cravate, bon élève
              Naïf, violent, sexuel
              rebelle,
) C'est de la vigne c'est
      l'espoir, c'est lui qui éclaire
      ses parents.

Couple : Sea, Amour / dispute
         Fâcheries, Quotidien,
         Désespoir, Force

Mère Fils :
Père Fils :

Ma Famille est un con.

Esthétique rabanelle

Univers chez tous gens.
La Famille chez vous.

→ Nature Boy : Nat King Cole
arrangement

Le 16/07

- Un enfant que personne n'écoute qui grimpe dans l'arbre.

- 1 couple jaloux du attachement de la famille.

- Chacun vit seul dans sa tête.
- 1 enfant à la recherche de ses parents.
 L) des parents qui cherchent leur enfant et ne le voient jamais.

- We are Family
- "   " relatives

Performance
- la famille dudarque
  pour l'apéro - ou
  diner.

1 Enfant seul dos d'arbre
Huckle Berry Finn

"La Femme à sa Fenêtre"
- "Picasso -

- Dialogue
  simultané
  sur 2 choses
  différentes.

- tout est toujours
  très concret et à N degré
  ↳ création Brut.

Le labo de Bérengère

Je pense que mon solo est en défense à ce matin. Bronzé. Être exposé. Oncle à cœur.

— La tension sexuelle très présente.

— La Mémoire sémantique est très présente à la Mémoire et dans mon travail. Je suis obsédé par cette question.

— Le doute, la question.

— Retours sur le labo de Bérengère.

J'ai commencé à éternuer et à me gratter le bras en arrivant au théâtre. Encore le souvenir de "Ça ne va pas me le faire". Bon bah gagné. Ça ne me l'a pas fait. Ce que Bérengère a proposé ne me l'a pas fait. Plusieurs éléments m'ont déplu. Travailler à partir d'un thème. La colla prologie. Je déteste. Ensuite / on devait faire des choses comme sera dans les bras, danse sa version... et ça non plus ça ne me l'a pas fait.

85

J'ai eu beau comprendre le pourquoi de mes énervements, ça a eu du mal à se calmer.
Mais le fait de connaître sa processus de se connaître est quand à utile.
- Trouver des chemins de traverse.
- Faire à sa façon pour ne pas blesser.
- Ne pas être trop parano.

Ça m'ennuie, ça me blesse d'être incompris. Réduit. Toi tu es comme ça. Forcément Christophe transgresse. Je transgresse pour obéir. Pour être avec les autres. Cela fait partie de mon espace de création. L'espace de création est mon identité. Si je ne suis plus compris je me referme. J'essai de ne plus le faire, alors je me laisse aller à mes pulsions. Mes propositions sont toujours + complexes qu'elles n'y paraissent.
On devait à un moment crier en quittant le plateau. Pour pouvoir le faire j'ai dit " je ne crierai pas en quittant le plateau". Tout

en criant en traversant le plateau
devant Bérengère, en espérant qu'elle
comprenait ce que je faisais. Mais
j'ai eu l'impression qu'elle riait
parce que je haussais comme
un ado. Alors j'étais bord parano.
Je me suis senti seul et du travail
pourtant. Au travail.
Je me bats. Pour partager mon espace
de fragilité. Je voudrais être vu
et que l'on en prenne l'intérêt de
ma démarche. De personne, d'acteur
et d'Artiste. Est-ce que c'est ça
la solitude de l'artiste ?

Paradoxalement, j'ai trouvé la phrase
de transformation intéressante. D'attaché
le texte que j'avais inspiré dit
par un autre. Comme un doute de
moi.

C'est tellement difficile pour moi de m'y
mettre. Le processus est tellement violent
que ça m'empêche de prendre à la légée.
J'associe mon comportement à une relâcher
à l'oubli de soi.

J'ai l'image du ci de la Vampire De la
Peur - Pas le Nosz dire
Parler d'un baiser -
Je pense à Alain Souchon "Chante ce baiser"

Être Morte
Une est venue me Partager son idée.
reprendre la Pey d'Esther Ferer.
Format.

J'aime travailler sur la dualité, l'opposite
Ta pas de Nagression - Cécile a aussi besoin
de ne pas ?

Fragilité - Oser à voir la fragilité
comme une force - La nudité, la Pietà.
La Pietà. Il y a quelque chose à
trouver la dedans -

La chanson d'Alain Souchon - Le dénument ?
Manque quelque chose - opposer ?

6) Ça me voir pleurer depuis le debut -
Manque une pause ? On a parlé de ça
tout à l'heure.

Besoin de choisir util.
N'Est-ce pas trop explicite. Chanter un
baiser ? + Désespoir comme dans Oui ?

✓ Effondrement du corps –
La Mort sure et douce
                Est

La banalité – Le crabe dans l'eau bouillante –
Besoin de me rassurer ? Mais ça va.
Être compris par les autres –

                    Celle partout d'échelle.
                    Utiliser la matière
                    non exploité – D2e
        Le contraire c'est dire.
        La chanson d'amour –

Je voudrais ~~chanter~~ mais je n'ai + de voix
            Chanter

Le bain – regarder un crabe cuire
sur la chanson d'Alain Souchon.
La mièvrerie – Chanson de grégoire –

Chanson de grégoire + Ta gueule.
Va te cacher –

Processus créatif – solo

peut-être j'agirais en 2 tps-
2 exercices – Opposition Alternance.
Je repense que Marie avait fait
un spectacle qui s'appelait "Baiser".

Travailler sur la Morsure. Ses Peurs
J'ai travaillé sur le baiser du Vampire.
Le Sexe et l'espoir.
Dans un stage je travaillerai là dessus.
Ça ne serait pas forcément possible
avec des ados.
La Peur et le désir. Les vampires
c'est ce qui fascine chez les vampires.
– La peur et le désir en 2 tps –

– Ça m'a toujours facilité le plaisir
pris lors de la Morsure du Vampire.

"Entretien avec un Vampire". Je ne
suis pas allé au bout mais Thomas et
Océane sont allés dans ce trouble
sans le faire –

Peut être que la solution est

de ne pas le faire ? Ne pasвать une Rassure ?
Comment montrer une Rassure ? Peu- l'épidémie-
Dans Peur c'est trop présent - Se manger,
les zombies - La bouche qui dit ;
qui embrasse et qui mord -
Qui mange -
En relisant je repense à mon cauchemar de
Monsieur avec le bras pur d'Voyager éclaté -
Je suis revenu de Grégoire.
c'est ma digestion du process -

Se débattre - accepter
Mon solo est le Danger sur Grégoire.
Ça me donne envie de pleurer - La mièvrerie
Pros   des bons sentiments
J'ai envie de travailler sur la peur
de se faire manger - Être mangé -
Comme je voudrais travailler sur ce chat
et sourir avec le Public. Jouer à avoir
peur de se faire attraper -
Il faut un lieu de mise en danger -
Un grand bâtiment genre Antipode.
Je n'ai pas pu faire ça avec les
amateurs -
Comme dans le Banquet, Faire jouer
les Pros, comme Baptiste - Travi, dans

à voir quelque chose, the déà toute tel
mais je voudrais qu'a soit perdu, qu'a
ne sache plus où a est — je voudrais
qu'on soit retourné.
En Gusbaher toujours la questa de la
frontalité.
Ma processus de création Tout du toujours
~~on devir on~~ une arrivée inconnue qui
utilise une route qui n'existe pas.

J'imagine que l'amérique existe.
Je ne sais pas où que par où passer
pour y arriver, et en plus je n'ai
pas encore inventé le bateau...

Si j'avais eu des londons, je t'aurais
fait une ramelette des londges,
malheureusement j'ai pas d'œufs.

Toujours cette idée inabouté de
26 jours + tard — Un Chat et souris.

Javio vibre qq chose de fort mais
qui ne soit pas une animation —

L'invitate au spectateur.

Comment chercher à voir sans rendre passif ? Comment utiliser la passivité pour mettre en mouvement.

Faire jouer à cache-cache ?
Des scènes que l'on observe de loin caché, entre acteurs ? Peur qu'on ne vienne pas me chercher ?
Qu'est-ce qui m'anime quand on me trouve ?

Les Loups. La forêt, courir pour sa vie alors que la mort est sure.

Courir pour sa vie alors que la mort est sûre ;-)

Remerciements

Marie Parent, évidemment, pour m'avoir trouvé et permis d'être 2, ainsi que pour son illustration de chien, en bas de cette page.

Lionel Chouin pour les illustrations de l'Oracle de la Morsure que l'on retrouve dans cet ouvrage. Et surtout pour Milo, qui continue d'exister grâce à lui.

Céline Bourasseau pour son soutien, toutes ces discussions et son regard éclairé.

Orane Arramont pour cette magnifique illustration originale de la couverture.

Julien Gigault, pour ce premier « 2 », et ses nombreux conseils sur l'écriture.

Yann Marie, Fred Joiselle, Joe Fuego, pour leur indéfectible soutien.

Mes relecteurs : Aurélien Balthazar Cojean, Gaid Andro, Olivier Sauvy, François Bottin, Lætitia Real-Moretto.

Et à toutes celles et ceux que je cite dans cet ouvrage, qui d'une manière ou d'un autre, m'ont donné l'opportunité de me transformer… Une spéciale dédicace à Joe Bill et à ma psy, Sophie Marret-Maleval.

Une part de tristesse pour les absents qui devraient figurer ici, et qui ont disparu, au propre comme au figuré.

LA MORSURE

www.lamorsure.com

TABLE DES MATIERES

Ceci n'est pas une préface...7

AVANT-PROPOS..13
Mordre ou être mordu..15
Sortir de la boîte..22

LES SPECTACLES..29
Improviser dans un cadre dramaturgique.....................31
We Are Family..40
Parallèle·s...56

LA META IMPROVISATION...75
Les trois niveaux de la Méta et plus................................77
Exégèse du dogme de Méta...84
Le voile de pudeur..96
L'écoute Méta..102
Le socle Méta..108
Le Je Fictionnel...114
La mystification du spectateur..118
L'invocation..124
L'espace de transgression...133
Questions et limites de la Méta.......................................139

LES ATELIERS..147
Les ateliers comme espace de recherche....................149
La traversée du désert..154
Corps engagés, esprit libre..166
il n'y a que le premier pas qui coûte............................175
Fragments croisés...186
Librement inspiré..193

Mise à nu de mon propre processus créatif...............209

IMPRO-BRETAGNE...217
À la marge...219
La grâce (janvier 2012)................................223
Moi au milieu de « 2 » ou la naissance de la méta (2015)
....229
How I met my Joe Bill (mai 2015)................................237
Quand un déplacement devient une œuvre d'art (février 2017)..248
Fin ouverte...255

ANNEXES...259
Encore un peu...260
Le cabaret imaginaire................................263
Le labo de Bérengère................................270
Processus créatif – solo................................276
Remerciements................................281

La couverture d'Orane Arramont est tellement belle que je ne résiste pas à le proposer dans son format intégral.